“玩转科学”系列

续写陆地上行走的奇迹

——汽车中的科学

总 主 编 杨广军

副总主编 朱焯炜 章振华 张兴娟 胡 俊 黄晓春 徐永存

本册主编 吴丽君

副 主 编 李 洋 李晓健

上海科学普及出版社

图书在版编目（CIP）数据

续写陆地上行走的奇迹 ：汽车中的科学/吴丽君主编.—上海：
上海科学普及出版社，2011.4(2018.4 重印)
(玩转科学系列/杨广军主编)
ISBN 978-7-5427-4702-0

Ⅰ.①续… Ⅱ.①吴… Ⅲ.①汽车-普及读物 Ⅳ.①U46-49

中国版本图书馆 CIP 数据核字(2010)第 221437 号

组 稿 胡名正 徐丽萍
责任编辑 张怡纳 徐丽萍 刘湘雯

"玩转科学"系列
续写陆地上行走的奇迹
——汽车中的科学
总主编 杨广军
副总主编 朱焯炜 章振华 张兴娟
胡 俊 黄晓春 徐永存
本册主编 吴丽君
副主编 李 洋 李晓健
上海科学普及出版社出版发行
(上海中山北路 832 号 邮政编码 200070)
http://www.pspsh.com

各地新华书店经销 北京一鑫印务有限责任公司印刷
开本 787×1092 1/16 印张 15 字数 200 000
2011 年 4 月第 1 版 2018 年 4 月第 3 次印刷

ISBN 978-7-5427-4702-0 定价：28.80 元

卷首语

汽车是人类一百多年来最伟大的发明。汽车，改变了我们的生存方式；汽车，改变了我们的价值观念；汽车，还成为动力与时尚、驾驭与征服、个性与身份的代表。可以说，汽车为世界工业化的进程装上了一日千里的轮子；也可以说，汽车作为流动的音符，代表了人类行走的艺术……

还没有哪一种工业品像汽车这样，对于一个国家，对于整个世界，会产生如此巨大而深远的影响。从汽车的发明到发展，凝聚了多少人的智慧和创新！让我们一起，走进本书，续写陆上行走的神话，玩转汽车中的科学吧！

目 录

谈古论车——从“史”说起

纸上谈车——解剖汽车

XUXIE LUDISHANG
XINGZOU DE QIJI

续写陆地上行走的奇迹

促膝谈车——从"安全"说起

谈车自若——汽车大观

谈古论车

——从“史”说起

汽车从一个多世纪前走来，饱含了一代又一代人的智慧，给我们的生活带来了极大的影响，我们不能不为之倾倒，不能不为之动容，不能不为之感慨。感慨之余，让我们产生了一种探究汽车来历的欲望。汽车是经历怎样一个过程进入到我们的生活的，又是承受着怎样的洗礼演化到现在的经典的？

在古老而广阔的神州大地上，汽车的数量与日俱增。譬如小汽车，这几年不仅在大都市的广厦间川流不息，也在中、小城镇的街道上日夜奔驰，在乡村的绵延小路上来回穿梭。事实表明，我们已迎来了汽车的发展年代——一个美好的新时代。

◆卡尔·本茨和世界上第一辆三轮汽车

解剖机器金刚
——什么是汽车

当你走在大街上，看到身边急驰而过的汽车，在你心中有没有问过这样的问题：什么是汽车？汽车是怎么跑起来的？汽车给我们的生活带来了什么？汽车的构造是什么样的？汽车有多少种？汽车为什么能够在我们生活中这么普遍呢？下面就让我们带着这些问题，开始认识汽车的旅行。

◆“闪电”麦坤

为汽车下定义

在我国，汽车是指由自身装备的动力装置驱动，一般具有四个或四个以上车轮，不依靠轨道或架线而在陆地行驶的车辆。汽车通常被用作载运客人、货物和牵引客人、货物挂车，也有为完成特定运输任务或作业任务而将其改装或装配专用设备而成为的专用车辆，但不包

◆一汽轿车——红旗盛世

括专供农业使用的机械。

全挂车和半挂车并无自带动力装置，他们与牵引汽车组成汽车列车时才属于汽车范畴。有些进行特种作业的轮式机械以及农田作业用的轮式拖拉机等，在少数国家被列入专用汽车，而在我国则分别被列入工程机械和农用机械之中。

汽车的组成

汽车一般由发动机、底盘、车身和电气设备四个基本部分组成。

汽车发动机

发动机是汽车的动力装置，是汽车的心脏。汽车运作几乎所有的过程都与它有关。发动机一般由两大机构五大系组成，分别是：曲柄连杆机构、配气机构；燃料供给系、冷却系、润滑系、点火系、起动系。

◆汽车发动机

汽车底盘

底盘的作用是支承、安装汽车发动机及其各部件、总成，形成汽车的整体造型，并接受发动机的动力，使汽车产生运动，保证正常行驶。底盘由传动系、行驶系、转向系和制动系四部分组成。

◆汽车底盘

汽车车身

车身安装在底盘的车架上，以供驾驶员、旅客乘坐或装载货物。

轿车、客车的车身一般是整体结构，货车车身一般由驾驶室和货箱两部分组成。

汽车车身结构主要包括：车身壳体、车门、车窗、车前板制件、车身内外装饰件和车身附件、座椅以及通风、暖气、冷气、空气调节装置等等。在货车和专用汽车上还包括车箱和其他装备。

◆汽车车身

电气设备

电气设备由电源和用电设备两大部分组成。电源包括蓄电池和发电机；用电设备包括发动机的起动系、汽油机的点火系和其他用电装置。

链接——汽车的分类

(1) 载货汽车：主要用于运送货物，有的也可指牵引全挂车的汽车。根据最大总质量不同，可分为微型货车（1.8吨以下）、轻型货车（1.8～6吨）、中型货车（6～14吨）、重型货车（14吨以上）。

(2) 自卸汽车：以运送货物为主且有可倾卸货箱的汽车。

(3) 越野汽车：主要用于坏路或无路地区的全轮驱动的具有高通过性的汽车。

(4) 轿车：用于载送人员及其随身物品且座位布置在两轴之间的四轮车辆。按发动机排量大小可分为微型汽车（1L以下）、普通级轿车（1～1.6L）、中级轿车（1.6～2.5L）、中高级轿车（2.5～4L）、高级轿车（4L以上）。

(5) 客车：具有长方形车厢，主要用于载送人员及其随身行李物品的汽车。按用途不同可分为长途客车、团体客车、市内公共汽车和旅游客车等。

(6) 牵引汽车及半挂牵引汽车：专门或主要用于牵引挂车或半挂车的汽车。根据牵引挂车的不同可分为半挂牵引汽车和全挂牵引汽车。

(7) 专用汽车：装置有专用设备、具备专用功能、用于承担专门运输任务或专项作业的汽车。用于完成特殊任务，如消防车、救护车、油罐车、防弹车、工程车等。

汽车工业

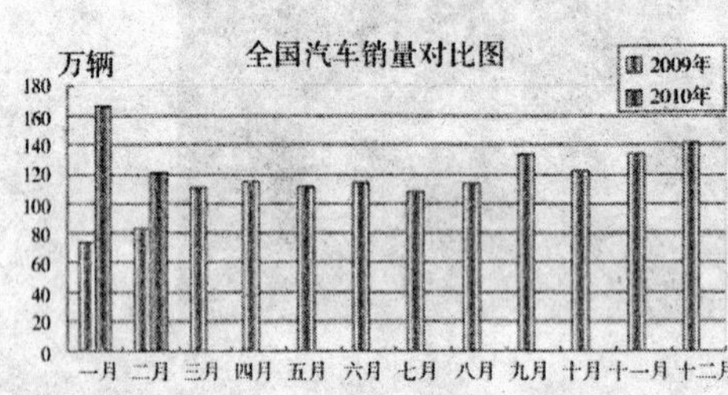

◆2010年2月份统计数据图

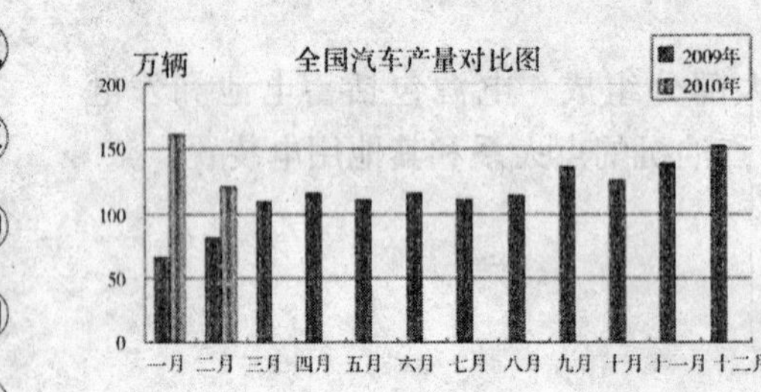

◆2010年2月份统计数据图

汽车工业发源于欧洲，首先出现的是蒸汽机汽车，到19世纪末才出现了内燃机汽车。但现代汽车工业的形成，则始自美国。

在中国，1956年第一汽车制造厂成批生产解放牌载重汽车，成为了中国汽车工业的开端。三十多年来，中国汽车工业有了很大发展，相继建立了不少主机厂、改装厂以及零配件厂，已能生产载重汽车、越野汽车、自卸汽车、牵引车、大客车、小轿车等各种类型的汽车。

汽车工业是综合性的组装工业，一辆汽车由千万种零、部件组成，每一个汽车主机厂都有大量的相关配件厂，所以汽车工业和许多工业部门都有密切的联系。汽车工业在发达国家的经济发展中，起着重要的支柱作用：在产值和销售收入中，汽车工业都占较大比重。汽车工业的发展必然会推动许多相关工业部门的发展。汽车工业是高度技术密集型工业，集中着许多科学领域里的新材料、新设备、新工艺和新技术，体现了一个国家的生产科技水平。

体验汽车文化

当一种消费品达到一定数量时，它自然就会在人们生活中发挥其“使用价值”以外的作用，从而也就形成了其自身的一种文化。汽车也不例外。近年来，“汽车文化”、“汽车时尚”等概念已不断被人们提及。

中国的汽车工业发展也走过了五十多年的历程。从首长专用到现在逐步走入寻常百姓家，从十多年前的“老三样”到现在的“百花齐放”，转瞬间，中国就从一个汽车沙漠突然转变为世界第二大汽车生产国，百姓们的购车热情被充分地激发了出来，汽车迅速从“奢侈品”转变为了“生活必需品”，发展之快令人咂舌。

◆2009 上海汽车文化节

目前人们已经不仅仅把汽车作为一种谈资，更看重它能够给生活带来怎样的变化，而这种变化也正是人们对汽车需求的原动力，是汽车产业发展的原动力。这个时候，对汽车文化的了解，对汽车生活的渲染就更重要。

不可否认，汽车在改变我们的生活、带给我们极大便利的同时，的确也带来了一些烦恼。但是，生活就是这样，对任何生活方式的评价都是相对的，没有绝对的好与坏。这是一种观念，一种态度，更是一种文化。

1. 汽车的到来改变了我们生活的哪些方面？
2. 假如没有汽车将会是什么样子？
3. 汽车对你和你周围的人有什么影响？

是你承载了世界
——车轮

《淮南子》中说我们的祖先“见飞蓬转而知为车”。“飞蓬”是一种草，其茎高尺许，叶片大，根系入土浅。一有大风，很容易被连根拔起，随风旋转。古人可能就是受到这个现象的启发，发明了车轮和车轴。这当然只是一个传说。任何简单而意义深远的发明都不是凭空出现在人们的脑海中的，必然被某些现象触发了灵感。正如古人见到水里漂着的木头而想到独木舟一样，车轮的发明也可能是受到了一些自然物的启发。那么车轮是怎么出现的？车轮给我们带来了什么？其中包含了什么样的科学道理呢？

◆车轮

车轮与汽车

◆1919 年别克 H45

轮胎是汽车的重要部件之一，它直接与路面接触，承受汽车的重量和汽车悬架共同来缓和汽车行驶时所受到的冲击，保证汽车有良好的乘坐舒适性和行驶平顺性，保证车轮和路面有良好的附着性，提高汽车的牵引性、制动性和通过性。轮胎在汽车上所起的重要作用越来越受到人们的重视。

很早以前，轮胎是用木头、铁等材料制成。第一个空心轮子是1845年英国人罗伯特·汤姆逊发明的，他提出用压缩空气充入弹性囊，以缓和运动时的振动与冲击。尽管当时的轮胎是用皮革和涂胶帆布制成，这种轮胎已经显示出滚动阻力小的优点。根据这一原理，1888年约翰·邓禄普制成了橡胶空心轮胎，随后托马斯又制造了带有气门开关的橡胶空心轮胎，可惜的是因为内层没有帆布，而不能保持一定的断面形状和断面宽。

◆木轮车

◆红豆轮胎

随着汽车的出现，充气轮胎得到广泛的发展。首批汽车轮胎样品是1895年在法国出现的，这是由平纹帆布制成的单管式轮胎，虽有胎面胶而无花纹。直到1908年至1912年间，轮胎才有了显著的变化，即胎面胶上有了提高使用性能的花纹，并增加了轮胎的断面宽度，允许采用较低的内压，以保证获得较好的缓冲性能。

1892年，英国的伯利密尔发明了帘布，并于1910年用于生产，这一成就除改进了轮胎质量、扩大了轮胎品种外，还使外胎具备了模制的可能性。随着对轮胎质量要求的提高，帘布的质量也得到改进，棉帘布由人造丝代替，20世纪50年代末人造丝又被强力性能更好、耐热性能更高的尼龙、聚酯帘线所代替，而后钢丝帘线随着子午线轮胎的发展，具备了更强的竞争力。

小知识

尼龙是美国杰出的科学家卡罗瑟斯（Carothers）及其领导下的一个科研小组研制出来的，是世界上出现的第一种合成纤维。尼龙的出现使纺织品的面貌焕然一新，它的合成是合成纤维工业的重大突破，同时也是高分子化学史上的一个重要里程碑。

几种主要的轮胎

随着汽车工业的发展，轮胎技术一直不断地改进与提高，如 20 世纪 20 年代初至 30 年代中期轿车轮胎由低压轮胎过渡到超低压轮胎；40 年代开始轮胎逐步向宽轮辋过渡，并出现了无内胎轮胎；50 年代末低断面轮胎问世等等。这些新技术的重要性都莫过于 1948 年法国米其林公司首创的子午线结构轮胎，这种轮胎的出现令轮胎的使用寿命和使用性能都显著提高，特别是在行驶中可以节省燃料，从而被誉为轮胎工业的革命。

知识链接——轮胎人的诞生

轮胎人的构思源于在 1894 年里昂举办的“万国博览会”上，展台入口处那由许多不同直径的轮胎堆成的小山启发了米其林兄弟：“如果有了手臂及腿脚，它就是一个人了！”于是在当年 4 月，一个由许多轮胎做成的特别的人物造型出现了，上面有广告设计师奥加罗普的签字。从此米其林轮胎人便开始出现在海报上，他手擎一只装有钉子和碎玻璃的杯子说道：“Nunc est bibendum”。这句意为“现在是举杯的时候了”的拉丁语来自古罗马诗人贺拉思的一句颂歌，寓意是米其林轮胎能征服一切障碍。这句话立刻成为一句口号，在几个月的时间里，“米其林轮胎人”被明确地以法语命名为“Bibendum”。出生才几个月的小家伙在自行车和汽车界，已成了米其林的象征。

子午线轮胎

这种轮胎的特点是帘布层帘线排列的方向与轮胎的子午断面一致（即胎冠角为零度），由于帘线的这种排列方式，使帘线的强度能得到充分利用，子午线轮胎的帘布层数一般比普通的斜线胎约可减少40%～50%。帘线在圆周方向只靠橡胶来连接。

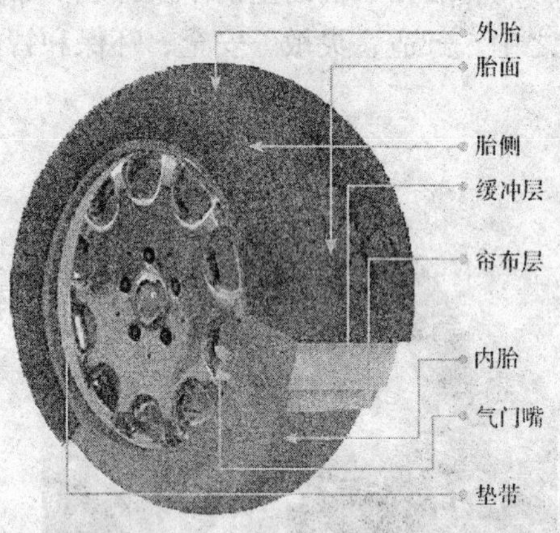

◆轮胎结构

子午线轮胎与普通斜线胎相比，具有弹性大、耐磨性好、可使轮胎使用寿命提高30%～50%、滚动阻力小、可降低汽车油耗8%左右、且具有附着性能好、缓冲性能好、承载能力大、不易穿刺等优点。缺点是：胎侧易裂口，由于侧面变形大，导致汽车侧向稳定性差，制造技术要求及成本高。

无内胎轮胎

无内胎轮胎内未配装内胎，而此轮胎本身就有内胎构造，空气即充填在内胎中。无内胎轮胎有气密性好、散热好、结构简单、质量轻等优点。缺点是途中修理较为困难。无内胎轮胎目前已被普遍采用，取代有内胎的车轮。

◆无内胎轮胎

未来轮胎畅想

轮胎在人们的生活中发挥着非常重要的作用，同时也在不断升级换代之中。舒适、灵敏、安全、环保和智能化将是轮胎未来的发展方向。

自动充气轮胎

2009年在德国汉堡举行的轮胎技术博览会上，自动充气轮胎的发明者科达发展公司（Coda Development）获得了轮胎技术大奖。Coda的“自动充气轮胎（SIT）”系统是利用一个直接内置在轮胎中的蠕动泵，依靠旋转的轮胎通过一个注有液体的管道加压来保持压力在某一个设定的水平上。这个设计旨在帮助增加燃油经济性，提高安全性，并能够在轮胎寿命期限内始终保持胎内压力的恒定。简单、质轻、廉价以及不需要额外的动力源，是自动充气轮胎最大的优势所在。

◆自动充气轮胎

不充气轮胎

还有人干脆想到了不充气的轮胎。2005年，法国米其林公司在底特律车展上展出了一款用高强度橡胶做辐条的轮胎，通过辐条的变形与复原来吸收地面的凸凹与冲击。这种轮胎不仅不怕钉子，而且使汽车操纵起来变得非常灵敏。

◆不充气轮胎

小知识

智能轮胎一般有以下几个特点：内压监测、自动补充轮胎内压、追溯性记录、轮胎温度监测等等。

智能轮胎

智能轮胎内装有计算机芯片，或将计算机芯片与胎体相连接，它能自动监控并调节轮胎的行驶温度和气压，使其在不同情况下都能保持最佳的运行状态，既提高了安全系数，又节省了开支。估计若干年后的智能轮胎还能在探测出路面的潮湿度后改变轮胎的花纹，以防打滑。

1. 你知道中国最古老的车轮是什么样的吗？
2. 世界上最大的生产轮胎的企业是哪家？
3. 畅想一下未来的轮胎。

孕育“生机”的革命者——蒸汽车

◆蒸汽机

自古以来，人们一直利用人力和畜力作为车辆的动力源，后来发展到利用自然力制造出了风力车。再随着机械业的发展，又有人制造出了滑轮车、发条车等。但这些车辆都因缺乏使用价值而没有得到世人认可。直到十八世纪中叶，瓦特蒸汽机的出现成了欧洲第一次工业革命的导火索，它为蒸汽机车的诞生奠定了基础，也为人类的进步做出了巨大的贡献！

纽科门的“徒弟”——瓦特

瓦特并不是蒸汽机的发明者，在他之前，早就出现了蒸汽机——纽科门蒸汽机，但大家并不是很熟悉它，它的耗煤量大、效率低。瓦特运用科学理论，逐渐发现了这种蒸汽机的毛病所在。从1765年到1790年，他进行了一系列改进，使蒸汽机的效率提高到原来纽科门机的3倍多，最终发明出了现代意义上的蒸汽机。

名人介绍：蒸汽机发明人——纽科门

纽科门是英国工程师，蒸汽机发明人之一。他发明的常压蒸汽机是瓦特蒸汽

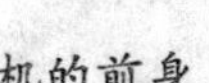

机的前身。

纽科门幼年仅受过初等教育，少年时代做过锻工。17 世纪 80 年代纽科门同卡利合伙经营铁器，后来共同研制蒸汽机，并于 1705 年取得“冷凝进入活塞下部的蒸汽和把活塞与连杆联接以产生运动”的专利权。此后，纽科门继续改进蒸汽机，于 1712 年首次制成可供实用的大气式蒸汽机，被称为纽科门蒸汽机。纽科门蒸汽机被广泛应用了 60 多年，在瓦特完善蒸汽机的发明后很长时间还在使用。纽科门蒸汽机是第一个实用的蒸汽机。他为后来蒸汽机的发展和完善奠定了基础。

1764 年，英国的仪器修理工詹姆斯·瓦特为格拉斯哥大学修理纽科门蒸汽机模型时，注意到了它的缺点，并于 1765 年发明了设有与汽缸壁分开的凝汽器的蒸汽机。瓦特的创造性工作使蒸汽机迅速地发展，他使原来只能提水的机械成为了可以普遍应用的蒸汽机，并使蒸汽机的热效率成倍提高，煤耗大大下降。因此瓦特是蒸汽机的改良者。

自 18 世纪末期起，蒸汽机不仅在采矿业中得到广泛应用，在冶炼、纺织、机器制造等行业中也都获得迅速推广。它使英国的纺织品产量在 20 多年内（从 1766 年到 1789 年）增长了 5 倍，为市场提供了大量消费商品，加速了资金的积累，并对运输业提出了迫切的要求。

小博士

许多教科书上（历史书、物理书）说瓦特是蒸汽机的发明者。这是误传。蒸汽机是英国人萨维利（Savery）于 1698 年，纽科门（Newcomen）于 1705 年各自独立发明的，用于矿井抽水。当时效率很低。1765 年，瓦特在修理纽科门机的基础上，对蒸汽机做了重大改进，使蒸汽机实现了现代化，大大提高了蒸汽机的效率。为纪念瓦特的贡献，功率的单位以其姓氏命名。

第一辆蒸汽汽车的发明

1765 年，英国人瓦特改变了蒸汽机，带领人类进入了“蒸汽机时代”。许多发明家也纷纷把瓦特的发明应用到“自走式车辆”的设计中。

法国人居纽花了 6 年时间，于 1769 年制成了世界第一辆具有实用价值的蒸汽汽车。这辆式样很奇特的汽车，车身用硬木制成框架，由三个一人多高的铁轮支撑。车的前面放着一个梨形大锅炉。由于前轮上压着很重的锅炉，所以操纵转向杆很费力。这辆蒸汽车存在一个致命的缺点，就是每走一段时间后，锅炉的压力就损耗尽了，只得停下来再加上水烧沸成蒸汽。

◆居纽的前轮驱动式火炮牵引车

蒸汽车的黄金年代

◆特雷威蒂克蒸汽公共汽车

18 世纪末在欧美各国，出现了一股研究和制造蒸汽汽车的热潮，各种用途的蒸汽汽车相继问世。汽车的车身和其他结构也得到迅速改进。到了 19 世纪，出现了一个蒸汽汽车的全盛时期。

1801 年，理查德·特雷威蒂克制造了英国最早的蒸汽汽车。两年后，他又制成了形状类似公共马车的蒸汽汽车。这辆公共汽车能乘坐 8 个人，创造了在平路上时速为 9.6 千米/小时，坡道上时速为 6.4 千米/小时的世界纪录。

◆“汉科克”蒸汽公共汽车

1828 年，哈恩格克制成了性能更好的蒸汽公共汽车，并开始了公共运输事业的企业化。他的车可以乘载 22 名乘客，时速 32 千米/小时，营运后很受欢迎。1834 年，他发展成立了世界上最早的公共汽车运输公司——“苏格兰蒸汽汽车公司”。

1928 年，法国人配夸尔制造了一辆蒸汽牵引汽车。这辆汽车首次采用将发动机置于车的前端，而由后轴驱动的总布置方案。配夸尔的链条传动、差速器、独立悬挂等设计，对汽车的发展贡献极大，至今仍在汽车上广泛地应用。

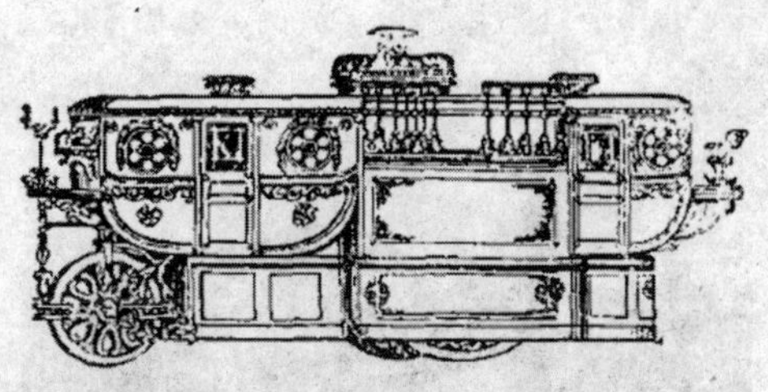

◆乔尔奇的三轮蒸汽公共汽车

蒸汽车的衰落

在蒸汽车的最初发展时期，它们的设计都很简单，就是把一个蒸汽机装上底架和轮子。为了达到一定的输出功率，就要有个尽可能大的锅炉；为了达到一定的行程，又要备有充足的水和煤；车身重了，就要求有一副结实的底架和坚固的车轮。就这样恶性循环，车越来越笨重，操纵越来越困难。所以，这些大型蒸汽车仅适用于定班的往返行驶，路线固定，沿途又有煤、水供应。即便如此，仍有许多不可避免的缺陷。有时候明知要减速转弯可就是慢不下来，转不过去，只能眼睁睁地看着车撞上障碍物。要么就是制动太狠，轮轴断裂。更可怕的是，炉压过高，一时难以控制，经常发生锅炉爆炸事件。而且，乘坐这种车还得看天气：下雨天车上遮盖不严，道路泥泞不安全；严寒天烧水难，易熄灭，行驶也慢；热天坐在锅炉边没人愿意忍受；刮风天要看风向，顺风时车尾的浓烟会把乘车人熏得喘不过气来。

◆重 3 吨拥有 12 个锅炉的蒸汽车

另外，蒸汽车的迅速发展引起了马车商人的不满，他们利用各种自己的势力使政府不支持蒸汽车，并且对蒸汽车横加指责。这种情况下，在 19 世纪中叶以后，蒸汽车事业日趋衰落。至 19 世纪末叶，随着资本主义工商

◆老式蒸汽马达车

业的发展，欧美各国政府深感马车远远不能适应时代的需要，于是又开始大力倡导动力机车。在此号召下，各国的蒸汽机车事业如久旱逢甘露一般再次迅速发展起来。

到了20世纪，随着内燃机汽车、电动汽车的大量涌现，性能的不断提高，蒸汽车开始渐渐退出历史舞台。

1. 最早的蒸汽车是在哪里发明的？
2. 目前蒸汽车最快的速度能达到多少？
3. 为什么人们还在不断地突破蒸汽机技术

到底是梦想还是现实——电动汽车

◆三菱电动汽车

有这么一类汽车，它主要消耗电能，本身并不排放污染大气的有害气体，即使将所耗电量换算为发电厂的排放，除硫和固体颗粒物外，其他污染物也显著减少。由于电厂大多建于远离人口密集的城市，对人类伤害较少，它由电池驱动，其能量利用效率比经过精炼变为汽油，再经汽油机驱动的汽车高，因此有利于节约能源和减少二氧化碳的排放量。什么汽车能有这么多的优点呢？那就是电动汽车。下面就让我们来认识一下这位全能汽车“选手”。

电动汽车概述

◆充电的比亚迪 F3 电动汽油混合动力车

电动汽车是指以车载电源为动力，用电机驱动车轮行驶，符合道路交通安全法规各项要求的车辆。电动汽车分为三种：纯电动车、燃料电池电动汽车和混合动力电动汽车。目前人们所说的电动汽车多是指纯电动汽车，即全电式电动车，这是一种采用单一蓄电池作为储能动力源的汽车。它通过电池向电机提供电能，驱动电动机运转，从而推动汽车前进。电动汽车无须再用内燃机，因此电动汽车的电动机相当于传统汽车的发动机，蓄电池则相当于传统汽车的油箱。电能是二次能源，可以来源于风能、水能、热能、太阳能等多种形式。

电动汽车的组成包括：电力驱动及控制系统、驱动力传动等机械系统、完成既定任务的工作装置等。电力驱动及控制系统是电动汽车的核心，也是区别于内燃机汽车的最大不同点。电力驱动及控制系统由驱动电动机、电源和电动机的调速控制装置等组成。电动汽车的其他装置基本与内燃机汽车相同。

知 识 窗

燃料电池

燃料电池是一种将存在于燃料与氧化剂中的化学能直接转化为电能的发电装置。燃料和空气分别被送进燃料电池，电就奇妙地产生了。它从外表上看有正负极和电解质等，像一个蓄电池，但实质上它不能“储电”而是一个“发电厂”。燃料电池的概念是1839年格罗夫提出的，至今已有大约160年的历史。

电动汽车的发展简史

◆古老的电动汽车

早在19世纪后半叶，英国人罗伯特·戴维森制作了世界上最初的可供实用的电动汽车。这比德国人戴姆勒和本茨发明汽油发动机汽车早了10年以上。

戴维森发明的电动汽车是一辆载货车，使用铁、锌、汞合金与硫酸进行反应的一次电池。其后，从1880年开始，又应用了可以充放电的二次电池。电动汽车在19世纪下半叶成为交通运输的重要工具，写下了人类交通史上的辉煌一页。1890年，法国和英国的街头行驶着电动大客车，当时的车用内燃机技

术还相当落后，行驶里程短，故障多，维修困难，而电动汽车却维修方便。

◆瑞士生产的电动汽车

在欧美，电动汽车的最盛期是在19世纪末。1899年法国人考门·吉纳驾驶一辆以44千瓦双电动机为动力的后轮驱动电动汽车，创造了时速106千米/小时的记录。

进入20世纪以后，由于内燃机技术的不断进步，汽油机汽车开始普及，电动汽车由于技术及经济性能上的不足而逐渐消失。直到近几年，它才重新受到了人们的青睐。

汽车从诞生之日起至今已有100多年的历史，其发展速度不断加快，与人们生活的联系也越来越紧密，它已经成为当今人类社会不可缺少的交通工具。

小知识

第一辆时速超过100千米的汽车是电动汽车，即“Jamais Contente”永不满足，由一个比利时人驾驶，它是一辆子弹头形状的电动赛车，在1899年5月创下时速为110千米/小时的记录。

电动汽车的优缺点

电动汽车的优点是：它本身不排放污染大气的有害气体，且电厂大多建于远离人口密集的城市，对人类伤害较少，而且电厂是固定不动的，集中清除各种有害排放物较容易，也已有了相关技术。由于电力可以从多种一次能源获得，如煤、核能、水力等，消除了人们对石油资源日渐枯竭的担心。电动汽车还可以充分利用晚间用电低谷时富余的电力充电，使发电设备日夜都能充分利用，大大提高了其经济效益。有研究表明，同样的原

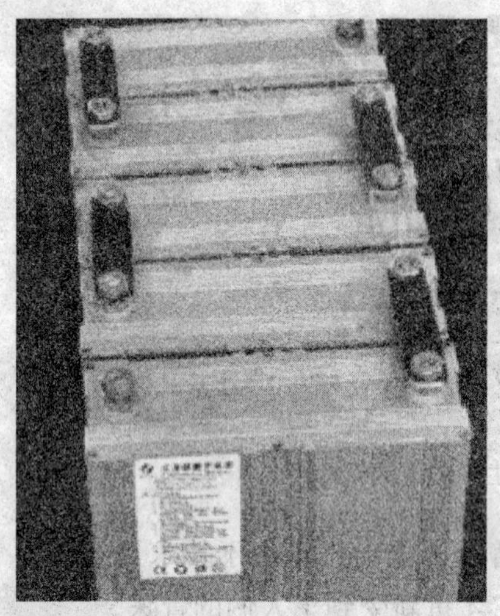
◆电动汽车电池

油经过粗炼，送至电厂发电，充入电池，再由电池驱动汽车，其能源利用效率比经过精炼变为汽油，再经汽油机驱动汽车要高，因此有利于节约能源和减少二氧化碳的排放量，正是这些优点，使电动汽车的研究和应用成为汽车工业的一个“热点”。

目前蓄电池单位重量储存的能量太少，电动车的电池又较贵，尚未形成经济规模，故购买价格较高。至于使用成本，有些试用结果比汽车贵，有些仅为汽车的1/3，这主要取决于电池的寿命及当地的油、电价格。

有专家认为，对于电动车而言，目前最大的障碍就是基础设施建设以及价格影响了产业化的进程。与混合动力相比，电动车更需要基础设施的配套，而这不是一家企业能解决的，需要各企业联合起来与当地政府部门一起建设，才会有大规模推广的机会。

小博士

电源为电动汽车的驱动电动机提供电能，电动机将电源的电能转化为机械能，通过传动装置或直接驱动车轮和工作装置。目前，电动汽车上应用最广泛的电源是铅酸蓄电池，但随着电动汽车技术的发展，铅酸蓄电池由于能量比较低，充电速度较慢，寿命较短，逐渐被其他蓄电池所取代。正在发展的电源主要有钠硫电池、镍镉电池、锂电池、燃料电池、飞轮电池等，这些新型电源的应用，为电动汽车的发展开辟了广阔的前景。

电动汽车的发展前景

电动汽车的发展经过20多年的研究试验，已进入一个新的阶段，即小批量商业化生产并推向市场实际应用阶段。目前全球在用电动汽车大约

◆2010 年北京车展上大众的途锐混合动力版

1.3 万辆。电动车被视为抢占21世纪汽车霸主地位的主要车型之一已是不争的事实。电动车的高科技含量，将带来汽车界的一场革命，并有望为商家带来巨额的市场利润。

链接——大众汽车未来电动汽车发展路

大众汽车计划扩大其电动汽车车型阵容：在 2010 年的日内瓦车展上，他们通过途锐混合动力版展示了混合动力技术在已投产汽车中的使用。

大众汽车集团董事会主席文德恩博士说：“大众汽车将逐步实现电动汽车量产。2011 年，我们将推出 500 辆电动高尔夫来扩大我们的测试车队，然后于 2012 年在美国市场推出捷达混合动力版。2013 年起将电动版 up 投入量产。我们的目标是到 2018 年成为电动车市场的领导者。我们希望大众汽车全系列车型能够占据电动车市场百分之三的份额。”他又表示：“我们将通过我们的量产车型让混合动力汽车进入大众市场。将来，大众汽车品牌车型的心脏也将借助电力而

◆1914 年美国制造的 Steinmetz 电动汽车

◆酷似 Smart 的克莱斯勒电动车

跳动。”

现在零排放电动车的技术已经逐渐成熟并已开始商品化，一次充电行程也能满足市区交通的要求。大规模应用的主要困难是电池和相应的电动车成本太高，混合动力电动车则是目前可以大批量生产来替代燃油汽车、减少废气排放的较现实的电动车。

在未来10年，纯电动车和混合式电动车在其特定市场范围内的商业化生产将增长，增长速度则取决于价格因素。未来20年，燃料电池电动车的商业化业务也将增长。在未来30年，燃料电池电动车和混合动力电动车将有长远的市场前景。

无论从环保角度还是能源角度看，未来电动车都需要有一个大的发展。其开发将关系到众多工业的兴衰，可能成为未来新的经济增长点。在我国，电动车更有着独特的市场，大城市都普遍存在着十分严重的交通问题和汽车尾气排放污染问题。作为一种小型、中速和短途的日常交通工具，电动车是十分理想的，在中国有着得天独厚的发展条件和广阔的应用前景。

1. 电动汽车使用的动力来源是完全清洁的吗？
2. 之前，为什么电动汽车没有成为主流车？
3. 电动汽车有什么优缺点？
4. 畅想一下未来的电动汽车。

数风流人物——内燃机汽车

◆卡尔·本茨和他发明的第一辆汽车

世界上第一辆汽车是由卡尔·本茨（1844～1929 年）于 1886 年发明的。其实，在本茨之前还有一些人在研制汽车发动机和汽车。法国报刊早在 1863 年就报道过勒努瓦发明的汽车，车速不到 8 千米/小时，但是它还是从巴黎到桥连城来回跑了 18 千米。

1884 年，法国人戴波梯维尔运用内燃机作为动力源，制造了一辆装有单缸内燃机的三轮汽车和一辆装有两缸内燃机的四轮汽车……汽车就这样一步一步发展到了现在。

什么是内燃机

◆内燃机车

内燃机是将液体或气体燃料与空气混合后，直接输入机器内部燃烧产生热能再转化为机械能的一种热机。内燃机具有体积小、质量小、便于移动、热效率高、起动性能好的特点。但是内燃机一般使用石油燃料，同时排出的废气中有害气体的含量较高。

广义上的内燃机不仅包括往

复活塞式内燃机、旋转活塞式发动机和自由活塞式发动机，也包括旋转叶轮式的燃气轮机、喷气式发动机等，但通常所说的内燃机是指活塞式内燃机。活塞式内燃机又以往复活塞式最为普遍。

小知识

汽油机和柴油机是目前广泛应用在工农业生产和交通运输部门的热机。它们的区别主要在于压缩比、点火方式、所用燃料及用途。

内燃机的历史沿革

◆艾蒂安·勒努瓦

活塞式内燃机自19世纪60年代问世以来，经过不断改进和发展，已是比较完善的机械。它热效率高、功率和转速范围宽、配套方便、机动性好，所以获得了广泛的应用。世界上内燃机的保有量在动力机械中居首位，它在人类活动中占有非常重要的地位。

活塞式内燃机起源于用火药爆炸获取动力的灵感。1794年，英国人斯特里特提出从燃料的燃烧中获取动力，并且第一次提出了燃料与空气混合的概念。1833年，英国人赖特提出了直接利用燃烧压力推动活塞做功的设计。

之后人们又提出过各种各样的内燃机方案，但在19世纪中叶以前均未付诸实用。直到1860年，法国人勒努瓦模仿蒸汽机的结构，设计制造出了第一台实用的煤气机。

随着石油的开发，比煤气更易于运输携带的汽油和柴油引起了人们的注意，人们首先试用的是易于挥发的汽油。1883年，德国的戴姆勒创制成功第一台立式汽油机，它的特点是轻型和高速。1885～1886年，汽油机作为汽车动力运行成功，大大推动了汽车的发展。

◆狄塞尔另辟蹊径，开创了柴油发动机的新世界

1892年，德国工程师狄塞尔受面粉厂粉尘爆炸的启发，设想将吸入气缸的空气高度压缩，使其温度超过燃料的自燃温度，再用高压空气将燃料吹入气缸，使之着火燃烧。他首创的压缩点火式内燃机于1897年研制成功，为内燃机的发展开拓了新途径。

狄塞尔开始力图使内燃机实现卡诺循环，以求获得最高的热效率，但实际上做到的是近似的等压燃烧，其热效率达26%。压缩点火式内燃机的问世，引起了世界机械业的极大兴趣，压缩点火式内燃机也以其发明者而命名为“狄塞尔引擎”。这种内燃机大多用柴油为燃料，故又称为柴油机。1898年，柴油机首先用于固定式发电机组，1903年用作商船动力，1904年装于舰艇，1913年第一台以柴油机为动力的内燃机车制成，1920年左右开始用于汽车和农业机械。

名人介绍

勒努瓦

比利时—法国发明家。1822年1月12日生于比利时的穆西拉维尔；1900年8月4日卒于法国塞纳。勒努瓦是一个勤奋自学的人，他自学化学，在他设计的多项发明中充分发挥出了他的独创精神。然而，人们最熟悉的，是他在1859年发明的第一台实用的内燃机——煤气机。

讲解——卡诺循环

卡诺循环是由法国工程师尼古拉·莱昂纳尔·萨迪·卡诺于1824年提出的，以分析热机的工作过程。卡诺循环包括四个步骤：等温膨胀，在这个过程中系统

从环境中吸收热量；绝热膨胀，在这个过程中系统对环境作功；等温压缩，在这个过程中系统向环境中放出热量；绝热压缩，系统恢复原来状态，在这个过程中系统对环境作负功。这种由两个等温过程和两个绝热过程所构成的循环称为卡诺循环。这一概念是1824年卡诺在对热机的最大可能效率问题作理论研究时提出的。作卡诺循环的热机叫做卡诺热机。

汽油机与柴油机

◆2010年北京车展上大众展出的TSI发动机

下面我们就说说内燃机家族中的两个兄弟：汽油机和柴油机。

汽油机是用汽油作燃料的一种电火花点火式内燃发动机。汽油机一般采用往复活塞式结构，由本体(缸盖、缸体、曲轴箱)、曲柄连杆机构、配气系统、供油系统、润滑系统和点火系统等部分组成。

按配气系统的不同，汽油机分为二冲程和四冲程两类。按供油系统的不同，汽油机可分为化油器式和汽油喷射式两类。

至20世纪80年代，汽油喷射式的应用迅速增多，许多厂家的产品已用汽油喷射代替化油器。汽油喷射式又可分为多点喷射和单点喷射两种，多点喷射汽油机性能最好，但成本较高。

◆玉柴柴油机

20世纪20年代中，人们发现在汽油中添加四乙基铅可以提高汽油机的压缩比。此外，通过对燃烧现象进行研究，已经能用合理设计燃烧室的方法，降低汽油机对汽油辛烷值的要求。汽油机的出现促进了运输工具的发展，反过来也促进了石油工业的发展。第二次世界大战以前，汽油机已被用作小至一千瓦以下的农业、园艺机具的动力，大到数千千瓦的航空发动机。第二次世界大战以后，由于柴油机和燃气轮机的发展，汽油机的用途有所缩小，但仍是小功率内燃机、摩托车、轿车、小型飞机和轻型货车发动机的主要机型。

柴油机是用柴油作燃料的内燃机，油机在工作时，吸入柴油机气缸内的空气，因活塞的运动而受到较高程度的压缩，达到 500～700℃的高温。然后将燃油以雾状喷入高温空气中，与高温空气混合形成可燃混合气，自动着火燃烧。燃烧中释放的能量作用在活塞顶面上，推动活塞并通过连杆和曲轴转换为旋转的机械功。

狄塞尔在 1897 年研制成功的可供实用的四冲程柴油机由于明显地提高了热效率而引起人们的重视。起初，柴油机用空气喷射燃料，附属装置庞大笨重，只用于固定作业。20 世纪初，柴油机开始用于船舶，并于 1905 年制成了第一台船用二冲程柴油机。

你知道吗?

汽油机比柴油机轻巧，制造成本低，噪声较小，低温起动性较好，但热效率较低且燃料消耗率大。随着油耗问题日益受到重视，柴油机在这类汽车上应用渐广。小型飞机所用发动机为求轻便和升功率大，大多用半球型燃烧室的风冷式汽油机。

名人介绍：柴油机之父——鲁道夫·狄塞尔

鲁道夫·狄塞尔 1858 年 3 月出生在法国巴黎。父母是在法国打工的德国工人。普法战争爆发后，狄塞尔一家被驱逐出法国，家庭生活比较困难。

针对蒸汽机效率低的弱点，狄塞尔专注于开发高效率的内燃机。当时尼古拉斯·奥托发明的点火式内燃机已较成熟，但那时奥托发动机的燃料是煤气，储存、携带均不方便，效率也受到影响。

像所有伟大的发明家一样，狄塞尔的前进道路上也是困难重重。植物油燃烧

◆途锐 TDI 配备了大众的 V6 3.0 升 TDI 柴油发动机

不稳定，成本也太高，难以承担狄塞尔的“重任”。好在当时石油制品在欧洲逐渐普及，狄塞尔选择了本来用于取暖的重馏分燃油——柴油作为机器的燃料。压燃式发动机的结构强度始终是个难题，但狄塞尔没有向困难屈服，他一步步完善自己的机器。1892 年，狄塞尔终于能够向全世界展示自己的成果——一台实用的柴油动力压燃式发动机。

1922 年，德国的博施发明机械喷射装置，逐渐替代了空气喷射。20 世纪 20 年代后期出现了高速柴油机，并开始用于汽车。到了 50 年代，一些结构性能更加完善的新型系列化、通用化的柴油机发展起来，从此柴油机进入了专业化大量生产阶段。特别是在采用了废气涡轮增压技术以后，柴油机已成为现代动力机械中最重要的部分。

1. 第一辆用内燃机的汽车是在哪一年发明的？
2. 汽油机一般用在哪些车辆上？
3. 柴油机一般用在哪些车辆上？
4. 汽油机可以用在飞机上吗？

赛车的民间版本——跑车

◆Zonda R超级跑车

我们经常可以在电视上看到精彩的汽车比赛，那是一种速度、超越、科技的完美展示。那么，在我们的生活中是否也能找到同样“奇形怪状的赛车”呢？有没有可能把赛车运动带入到普通大众中呢？

对于汽车人来说，只有想不到，没有做不到。跑车这个“怪物”就把赛车运动带入到了普通人当中，让普通人也有了体验赛车运动的机会。下面就让我们来认识一下这种赛车的民间版本。

真正能跑的车

跑车的问世在于“把赛车运动带给普通人”，使很多痴迷于赛车运动的普通人有了体验赛车运动的机会，所以跑车的定义也可以理解为“赛车的民用版本”，它也富有一定的运动性。跑车的车身一般为双门式，即只有左右两个车门，双座或2+2座（两个后座特别狭窄），顶盖为可折叠的软质顶篷或硬顶。

由于跑车一般只按两个驾乘设置座位，车身轻便，发动机的功率也比普通轿车更强，所以加速性能、最高车速都非常出色。另外，跑车设计时注重操控性，在高速下依然具备很强的可控性，是挑战速度极限和驾驶乐

◆奔驰跑车

◆毒蘑菇之毁灭天使

趣的终极选择。可以说，跑车堪称人类汽车科技的精华。

跑车设计时较注重操纵性，通过性相对要差一些，越高级的跑车，此特点越明显。

前置发动机式跑车的车头较长，后面的行李箱较小；后置和中置发动机的跑车甚至没有行李箱，只是在车头的前盖下面有一个能放备胎的小空间。跑车的共同特点是动力强劲、外观新潮、造型优美。

跑车的最大特点就是能“跑”。起步、加速及最高车速都应超出一般车型。但只有流线型的车身是不够的，如果在优美的车身下是一款动力软弱的“心脏”，肯定不能称之为跑车。因此，当有厂家把经济型家用车换成流线型车身便称之为跑车时，你千万不可轻信。

知 识 点 击

目前市场上的跑车主要有 3 类：一种是价格昂贵、速度性能极佳的高档跑车，如法拉利、保时捷、兰博基尼等；二是中高档的跑车，这类车重视速度的同时并不忽视舒适性，以奔驰 SEL、宝马 Z 系列等为代表；三是相对中低档的跑车，如标致 206ccAT，现代 coupe2.0 等。这些跑车的价格和使用成本更加亲民，能让更多的普通人也享受到驾驶的乐趣。

跑车展示

跑车是传奇和梦想的象征，是无数海报、挂历和电脑游戏的宠儿。纵览现代汽车工业，回顾这么多年来的跑车发展史，有很多经典的跑车游弋在人们的眼前，人们不断地在追随着跑车的最新潮流。

布加迪威航 16.4 敞篷版

布加迪威航 16.4 敞篷版是世界上最快的车型之一。它是 2005 年推出的双座 Coupe 车型的 Targa 敞篷版，也是布加迪复产之后的第一款敞篷车型。该车拥有两顶敞篷，第一顶是由聚碳酸酯材料制成的透明车顶，但我们必须通过手动对它进行安装和拆卸；第二顶则是普通的布制折叠篷，主要用于天气突然变化时快速使用。

使用硬顶时，新车最高时速可达 407 千米/小时，从 0 到 96 千米/小时加速仅需 2.7 秒，而从 96 到 0 千米/小时的刹车时间仅为 2.3 秒。如果把篷卸下，最高时速仍可达 360 千米/小时。当新车加速过程中速度超过 374 千米/小时，计算机会决定路况条件是否适合再尝试加速。

◆布加迪威航 16.4 敞篷车在 2010 年北京车展媒体日第一天就被国内神秘买家以 3800 万元的天价买走

LP 670—4 SuperVeloce

Murci’elago LP 670—4 SuperVeloce 中国限量版专为中国最具鉴赏力的超级跑车收藏家打造，全球限量发行 10 辆。这款拥有纯正意大利血统的中国版狂牛集成了非凡的技术性能、强悍的动力和刀锋般犀利的操控精确性，从静止加速到 100 千米/小时仅需 3.2 秒，最高时速高达 342 千米/小时！中国限量版 LP 670—4 SuperVeloce 在外观设计上以青铜色作为基本色，寓意着中国古代雄伟的建筑以及坚不可摧的城墙石板，一条充满激情的金属橙色漆饰带贯穿车身，从这款超级跑车中心切过，从轮毂内散发出夺目光芒，如同火山中迸发出的炙热能量。一眼看去，这款中国限量版 LP 670－4 SuperVeloce 就是中国力量以及不屈不挠、永不妥协精神的最好诠释。在全球范围内，只有十位顶级跑车收藏家有机会将这款奢华跑车中的经典之作收入囊中，而且车内铭牌将会镌刻上车主的姓名。这款融合了意大利超级跑车设计和中国传统风情元素于一身的机器猛兽一经发售，将迅速成为中国超级跑车收藏市场上炙手可热的顶级珍品。

◆2010 年北京车展上展出的 LP 670－4 SuperVeloce

阿斯顿马丁 DBS

优雅是人们对于英国人的第一印象，同样来自英国的阿斯顿马丁也以一种含蓄优雅的理念在制造超跑。性能依旧强悍但却多了几分浪漫气息的 DBS Volante 是目前阿斯顿马丁品牌下最为强悍的敞篷跑车。

DBS 被阿斯顿马丁吹捧为“终极豪华运动汽车”，这辆车轮上的性感尤物采用了轻量化的车身结构和恐怖的 V12 引擎。阿斯顿马丁在这辆车的车身上广泛地采用了碳纤维材料，驾驶舱也同样采用了此方法来减轻重量。更轻的地毯织物，半苯染皮（semi－aniline）皮革，甚至一些更小的细节诸如用碳纤维的门拉手来减轻重量而不失去丝毫的豪华感。

◆阿斯顿马丁 DBS

法拉利 612 Scaglietti

法拉利 612 Scaglietti 是法拉利 2+2 座 12 缸前置发动机跑车旗舰车型，在 2010 年北京车展上依然是焦点车型中的焦点。法拉利旗舰车型 612 车身长宽高尺寸为（4902×1956×1344）毫米，轴距为 2950 毫米。其 12 缸发动机排量为 5748 毫升，最大功率可达 397 千瓦，最大扭矩 588 牛·米，而 0～100 千米/小时加速时间仅需 4.2 秒，最高车速可达 320 千米/小

◆法拉利 612 Scaglietti

时。法拉利一直致力于提高其公路版跑车的效能，然而公司对环保的关注却不仅止于此。近年来，法拉利在马拉内罗工厂从铸造到最终组装完成的各个生产环节中都投入巨资以实现节能环保。

雷克萨斯 LF－A

LF－A 是雷克萨斯旗下首款超级跑车，该车将在全球范围内限量发售 500 台，该车型参加了在纽博格林举行的 24 小时耐力赛，单圈最好成绩为 7 分 24 秒。LF－A 赛车搭载全新 4.8 升高转速 V10 动机，拥有 367 千瓦的最大功率。雷克萨斯中国总经理曾林堂介绍："我在北海道亲自开过 LF－A。赛道是一个椭圆形的赛道，这台车的最高车速是 325 千米/小时，我开到 316 千米/小时的时速。拐弯的时候路面角度在 30 度左右，我拐弯时最高时速是 216 千米/小时。当时感觉很奇怪，感觉我的手和脑袋跑到另一边，我从来没有过这样的体验。"

世界顶级跑车还有很多，各大公司仍在不断地开发，跑车技术也在不断地发展，跑车世界的精彩正等待着大家去体验。

◆雷克萨斯 LF－A

1. 跑车是怎么出现的？
2. 找出自己最喜欢的一款跑车并去了解它。
3. 中国有没有自己产的跑车？

引领汽车时尚的潮流
——概念车

通常我们一翻开汽车杂志，迎面而来的精美图片大都标注着的是某某概念车，如果您不是车迷可能就会问究竟什么是概念车呢?

概念车是汽车中内容最丰富、最深刻、最前卫、最能代表世界汽车科技发展和设计水平的汽车。概念车的展示，是世界各大汽车公司借以展示其科技实力和设计观念的最重要的方式。因而概念车也是艺术性最强、最具吸引力的汽车。

以“概念”之名

汽车的历史有120年，概念车则为70年；两者相辅相成之间，诞生了无数经典。如同经典的量产车一样，历史上出色的概念车同样令车迷们津津乐道。概念车是时代最新汽车科技的成果，代表着未来汽车的发展方向，因此它展示的作用和意义很大，能够给人以启发并促进相互之间借鉴学习。因为概念车有超前的构思，体现了独特的创意，并应用了最新科技成果，所以它的鉴赏价值极高。

知识点击

概念车的种类

一种是能跑的真正汽车，另一种是设计概念模型。

第一种比较接近于批量生产，其先进技术已步入试验并逐步走向实用化，一般在5年左右可成为公司投产的新产品。

第二种汽车虽是更为超前的设计，但因环境、科研水平、成本等原因，只是未来发展的研究设想。

经典概念车展示

由于实际情况的限制，量产车约束了设计师的思维，而概念车往往集成了名家们天马行空的神来之笔。看看过去的概念车吧，你能从今天的汽车上找到从前的创意吗？或许有些概念车能为你提供探寻时空的线索。而剩下的呢？可能再过几十年，我们还是只能对着它们傻傻发呆，因为有些概念并不是每个人都能理解的。就像是艺术，只有会欣赏的人，才能产生共鸣。就让我们在经典的梦境中徜徉，一步步地走向未来吧！

别克 Y Job

1938年，厄尔设计出世界上第一辆概念车别克 Y Job。这是一部梦想之作，连续的弯曲表面和突出车身水平性的平行合金饰带创造了一种狭长的流线形车身。Y Job 还充分利用了现代技术，具有电控折叠顶篷和车窗。它也是第一款去掉了脚踏板的汽车，此外还有其他创新细节，如平面门把手和水平水箱护罩。

◆别克 Y Job 1938

厄尔的设计远远超越了他所在的年代。这种开拓性、开创性的设计手法随即成为其他制造商竞相模仿的对象，汽车业也从此以概念车的形式昭示未来。

Rosemeyer

奥迪的 Rosemeyer 是辆具有神秘色彩的概念车，在 2001 年法兰克福车展的记者发布会上仅作了很短暂的展示。该车浑身充满未来感与肌肉线条，ASF 全铝车身结构，以及铝合金选调组件，车身内装饰主要是高档碳纤维以及防滑麂皮。

◆Rosemeyer

然而，它却是奥迪最早的大嘴巴！不过形状已由 Rosemeyer 的盾形改为倒梯形。这是它对整个奥迪系列最大的贡献，奥迪的历史从此由 Rosemeyer 改写。

标致 4002

◆标致 4002

标致 4002 的设计者是一位 32 岁的德国美术设计师，他以 1936 年的标致 402 为原形，秉承“复古兼前卫”的理念，创造出了一头双眼坚毅地注视着未来的雄狮——一部改进型单排双座运动跑车。最重要的设计元素莫过于那让人过目难忘的，从前部开始沿车顶贯穿至车尾的铬合金散热格栅，包含了标致 402 车型中经典的双头灯，车灯呈向上的走向，与轮胎的角度巧妙地搭配，更加突出了整车独特的外形曲线。

Bat

如果不提意大利博通设计公司于 20 世纪 50 年代为阿尔法·罗密欧设计的 BAT5、BAT7、BAT9，就相当于遗漏了最经典的作品。

◆BAT11

夸张的尾翼和流线型的前挡风玻璃无疑是受到了美国的影响。然而它们的尾翼如一对折起的翅膀，没有美国式尾翼那种张扬、炫耀的浮躁，取而代之的是纯粹的艺术与唯美的灵性。向上隆起的同时向内收缩，收敛的同时又具备一触即发之势，有一种蝙蝠的神秘和鬼魅。如果说美国的车表现出一种乐观明朗的宇宙风格，那么阿尔法·罗密欧，或者说博通的“蝙蝠”系列，则像是一部神秘色彩更浓更诡异的科幻小说。

LeSabre

◆别克 LeSabre

如果说 20 世纪 40 年代是战争和重建的年代，那么之后的 50 年代则是梦想驰骋、英雄辈出的黄金岁月。两次世界大战虽在全世界范围内爆发，而未在本土亲历战争的美国人将飞机火箭的设计元素移植到了汽车上。于是便诞生了 1951 年的概念车：别克 LeSabre。

同样是哈里·厄尔的设计，这是尾鳍首次出现在汽车的尾部。在以后的十年里，尾鳍的设计越变越大。随后，来自飞机驾驶舱的曲面挡风玻璃的理念也出现在轿车上。在这段时间，所有的美国汽车设计都无一例外地卷入了这场“鳍”之战。LeSabre 无疑引领了概念的潮流，直到 20 世纪 60 年代中期，这种设计浪潮才终于退出舞台。

Stratos

这一款具有重要意义的概念车是博通为蓝旗亚设计的 Stratos。低矮的车身，平铺直叙的线条，整个车身简洁流畅，轮廓刚劲有力，散发着迷人

◆Lancia Stratos (1974)

的肌肉包裹的感觉。Stratos 绝对是 20 世纪 70 年代楔型概念车中的精品，即使在 40 年后的今天，我们依然会觉得它十分前卫。狭小的车窗，夸张的侧面进气口，整车线条如同科幻世界般棱角分明，给人一种宇宙飞船和天外来客般的神圣感。四个车轮的存在，是它与同时代的汽车唯一的牵连。或许我们只能用“贴地飞行”来形容它驰骋时的英姿。

VOLVO YCC

2004 年 3 月 2 日，日内瓦汽车展，Volvo YCC 概念车首次在万千闪光灯下亮相，就以其独特的魅力为充满阳刚之气的车展带来一股清新的风。作为一款完全由女人打造的女性概念车，它所传递的是一种全新的理念，一种对女性最为诚挚的关注。它的翩然而出，犹如温情一般催生了在场女性观众们的会心微笑。神采奕奕的前大灯让人浮想出女人妩媚的眼眸，阴柔缥缈的尾灯呈现出完美的 S 形曲线。YCC 的娇艳欲滴，带给我们无限的遐想。

◆Volvo YCC 概念车鸥翼形车门

“中国麒麟”

中国古代传说中有一种吉祥动物，形状像鹿，头上有角，后有尾巴，全身披鳞甲，古人将它象征祥瑞，它就是麒麟。1999 年上海国际车展上，以吉祥动物麒麟为名的第一款概念车吸引了世人的目光，这是第一辆由中国人设计，在中国制造并面向中国市场的经济型汽车。

◆麒麟概念车

尽管溢美之词掩饰不了它的稚嫩，“麒麟”在传统的眼光里根本不算是一辆轿车，但正因为这是第一辆，所以我们无法苛求。翘首期盼已成过往，但是麒麟却唤醒了当时还在沉睡的诸多汽车生产厂家，这对中国汽车工业无疑是一种推动。

拓展思考

1. 概念车的存在有什么价值？
2. 找出自己认为最经典的一款概念车并说明理由。
3. 中国第一款概念车有什么突破？

家族中的特殊贡献者——特种车

◆兰博基尼跑车警车

我们总是会遇到一些有特殊用途的车辆，比如说清扫街道的环卫车、抢险救火的消防车、抢救病人的救护车等等，这类车在自己的岗位上默默地辛劳着，它们有什么不为人知的故事吗，它们有什么神秘的来历吗，它们又是怎样完成一系列使命的，下面就让我们走近它们——特种车！

消防车

◆消防车

消防车，又称为救火车，是专门用作救火或其他紧急抢救用途的车辆。消防车按功能可分为泵车（抽水车）、云梯车及其他专门车辆。消防车平常驻扎在消防局内，遇上警报时由消防员驾驶开赴现场。多数地区的消防车都被喷上鲜艳的红色（部分地区亦有鲜黄色的消防车），在车顶上设有警号及闪灯。消防车是装备各种消防器材、消防器具的各类消防车辆的总称，是目前消防部队与火灾作斗争的主要工具，是最基本的移动式消防装备。消防车的质量水平，反映出一个国家消防装备的水平，甚至体现该国整个消防事业的水平。

医用车

医用车与普通车的不同在于车内和底座的装置。底座下部安装有四个万向轮，底座上部安装升降调节支架，其上还装有升降台。升降台上安装坐椅，两侧分别装有第一导向杆和第二导向杆。第一导向杆上安装第一滑套，第一滑套上再安装第一支架，第一支架与活动平板的一端铰连，活动平板的另一端安装搭钩。第二导向杆上安装第二滑套及第二支架。它可解决现有技术存在的问题，并根据患者身材大小的不同调节高矮，使患者乘坐更加舒适，并且，它还可为患者提供书写和进食用的平台，满足患者的特殊需求。

◆救护车

冷藏车

冷藏车是用来运输冷冻或需要保鲜的货物的封闭式厢式运输车，是装有制冷机组等制冷装置和聚氨酯隔热厢的冷藏专用运输汽车，常用于运输冷冻食品（冷冻车），奶制品（奶品运输车）、蔬菜水果（鲜货运输车）、疫苗药品（疫苗运输车）等。

◆冷藏车

冷藏车由专用汽车底盘的行走部分、隔热保温厢体（一般由聚氨酯材料、玻璃钢、彩钢板、不锈钢等组成)、制冷机组、车厢内温度记录仪等部件组成，对于特殊要求的车辆，如肉钩车，可加装肉钩、拦腰、铝合金导轨、通风槽等选装件。

冷藏机组分为非独立制冷机组和独立制冷机组、国产机组与进口机组等。一般车型都采用外置式冷机，少数微型冷藏车采用内置式冷机。对于温度要求较低的冷藏车，可采取厢体内置冷板（功能相当于蒸发器）。

商务车

◆林肯商务车

商务车 MPV 是 Mini Passenger Van 的缩写，本意是小型乘用厢式车，后来由法国雷诺公司对这种车型进行了改进，把折叠的概念引入了第二和第三排座椅，所以从那之后 MPV 又有了新的含义 Multi Purpose Vehicle，即多用途汽车。它集轿车、旅行车和厢式货车的功能于一身，车内每个座椅都可调整，并有多种组合的方式，例如将中排座椅靠背翻下即为桌台，前排座椅可作 180 度旋转等。近年来，MPV 趋于小型化，并出现了所谓的 S－MPV，S 是小（Small）的意思。S－MPV 车长一般在（4.2～4.3）米之间，车身紧凑，一般为 5～7 座。商务车主要用于商务洽谈，接送来宾，代表着一个公司的形象。

环卫车

环卫车是用于城市市容整理、清洁的专用车辆。环卫车系列分类产品包括：洒水车，吸污车，吸粪车，垃圾车，高压清洗车、扫路车。其中主要以洒水车系列和垃圾车系列。

工程车

◆推土机

工程车是一个建筑工程的主干力量，由于它们的出现才使建筑工程的进度倍增，大大减少了人力。观看工程车作业，不由得使人震撼于科技的威力。工程的运载，挖掘，抢修，甚至作战等都离不开它。

常见的工程车有：重型运输车辆，大型吊车，挖掘机，推土机，压路机，装载车，电力抢修车，工程抢险车，越野工程车，电焊工程车，装甲工程车（战斗工程车），氧化剂污水处理工程车等。

半挂车

◆半挂车

半挂车是车轴置于车辆重心（当车辆均匀受载时）后面，并且装有可将水平或垂直力传递到牵引车的联结装置的挂车。与“单体式”汽车相比，半挂车更能够提高公路运输的综合经济效益。运输效率可提高30%～50%，成本降低30%～40%，油耗下降20%～30%。更重要的是，半挂车的使用，还能对我国物流的组织形式起到一定程度的促进作用。

厢式车

◆厢式车

厢式车又叫厢式货车，主要用于全密封运输各种物品，特殊种类的厢式车还可以运输化学危险物品。具有机动灵活、操作方便、工作高效、运输量大，以及充分利用空间及安全、可靠等优点。厢式车可采用：①铁瓦楞、②彩钢板、③铝平板、④铝合金瓦楞、⑤发泡保温。厢式车适用于运输各类货物，各大工厂、超市、个人均适用。

自卸车

◆自卸车

自卸车是指通过液压或机械举升而自行卸载货物的车辆，又称翻斗车。由汽车底盘、液压举升机构、货厢和取力装置等部件组成。自卸车在土木工程中，经常与挖掘机、装载机、带式输送机等工程机械联合作业，构成装、运、卸生产线，进行土方、砂石、散料的装卸运输工作。

自卸车的发动机、底盘及驾驶室的构造和一般载重汽车相同。自卸车的车厢分后向倾翻和侧向倾翻两种，通过操纵系统控制活塞杆运动，后向倾翻较普遍，推动活塞杆使车厢倾翻，少数可以双向倾翻。

1. 列举出你见过的特种车。
2. 为什么消防车要喷成红色？
3. 你觉得在什么情况下还应该开发新的特种车？

尽显速度与身材
——车身的演进

◆保时捷 911

汽车造型师们把汽车装扮成人类的肌体。例如：汽车的眼睛——前照灯；嘴——进风口；肺——空气滤清器；血管——油路；神经——电路；心脏——发动机；胃——油箱；脚——轮胎；肌肉——机械部分。力图将一个冷冰冰的机械注入以生命，使之具有非凡的艺术魅力，给人以美感。而最能展示汽车美的要数汽车车身了，下面就让我们开始探索那形形色色的车身吧！

从 19 世纪末到 20 世纪初，汽车设计师把主要精力都用在了汽车的机械工程学的发展和革新上。到了 20 世纪前半期，汽车的基本构造已经成形后，汽车设计者们开始着手从汽车外部造型上进行改进，并相继引入了空气动力学、流体力学、人体工程学以及工业造型设计（工业美学）等元素，力求让汽车能够从外形上满足各种年龄、阶层、文化背景的人的不同需求，使汽车真正成为科学与艺术相结合的最佳表现形象，最终达到最完善的境界。

你知道吗？

我国古代早有"轿车"一词，是指用骡马拉的轿子。当西方汽车大量进入中国时，正是封闭式方形汽车在西方流行之时。那时汽车的形状与我国古代的"轿车"相似，并与"轿车"一样让人感到荣耀。于是，人们就将当时的汽车称为轿车。

马车型车身

1885年，德国的两位工程师戴姆勒和本茨分别试制出1.5马力和0.85马力（1马力＝735.499瓦）单缸汽油发动机并成功地试制出第一台汽车，但车身基本还是沿用马车型。

当时的马车型车身与我国古时的兵车车身并无本质上的区别，不过是一种箱形加上座椅，车身上部或为敞篷或为活动布篷用来挡雨挡光。这样的车身难以抵挡较强烈的风雨侵袭，给乘坐者带来了极大的不便。1908年福特推出T型车时，车身由原来的敞开式改为封闭式，其舒适性、安全性都有很大提高。著名的福特T型车是马车型汽车中的佼佼者。

箱式车身

美国福特汽车公司在1915年生产出一种不同于马车型的汽车，它很像一个大箱子，箱子上部装有门窗。实际上只是在原来的马车车身上做了些微的改进，但却使乘车人免受了风雨灰尘的侵袭，人们把装有这类车身的汽车叫箱型汽车。

说起箱型车身不由让人想到我们现在乘坐的客车，现在的客车车身不

◆金旅王

论是豪华型还是普通型，也不论车身内饰和外形如何变化，供乘客使用的空间都是一个长方体的箱型空间。也就是说，箱型车身延续至今仍然有着不可替代的生命力。

甲壳虫车身

◆大众甲壳虫车

1934 年，密歇根大学流体力学研究中心的雷依教授，采用模型汽车在风洞中试验的方法测量了各种车身的空气阻力，这是一次具有历史意义的试验。同年，美国的克莱斯勒公司首先采用了流线型的车身外形设计。1937 年，德国设计天才费迪南德·保时捷开始设计类似甲壳虫外形的汽车。保时捷博士最大限度地发挥了甲壳虫外形的长处，使“大众”汽车成为当时流线形汽车的代表作。从 20 世纪 30 年代流线型汽车开始普及到 40 年代末的近 20 年间，是甲壳虫型汽车的“黄金时代”。

目前，尚有一些国家仍在生产以这种车身形状为主要外形的家用轿车。

船型车身

1945 年，福特汽车公司开始重点进行新车型的开发，并于 1949 年推出了具有历史意义的新型 V8 型福特汽车。因为这种汽车的车身造型颇像一只小船，所以人们称它为“船型汽车”。福特 V8 型汽车的成功之处不仅仅在于它在外形设计上有所突破，而且它还首先将人体工程学的理论引入到汽车的整体设计上，取得了令人较为满意的结果。船型汽车不论从外形上还是从性能上来看都优于甲壳虫型汽车。现在，福特公司的那种具有行李箱的四门四窗的轿车，已被全世界公认为轿车的标准形式。时至今日，现在的轿车无论为流线形还是在前翼子板与发动机罩之间大圆角过渡或者在轿车尾部做变动，都能看到船型车身的影子。

小贴士——船型车身的突破

船形车身把前翼子板和发动机罩，后翼子板和行李舱罩融于一体，大灯和散热器罩形成一个整体，车身两侧形成一个平滑的面，车室位于车的中部，整个车身造型仿如几个长方体的几何形体拼成的一个船形。船形车身的设计体现了人体工程学中以人为主体的设计思想。由于船形车身使发动机前置，从而使汽车重心相对前移，而且加大了行李舱，使风压中心位于汽车重心之后，从而避免了甲壳虫型车身受风发生不稳定的问题。

鱼型车身

由于船形车身尾部过分向后伸出，从而形成阶梯状，这样，当汽车高速行驶时会产生较强的空气涡流。为了克服这个问题，人们又开发出形状像鱼的脊背的鱼型汽车。1952 年，美国通用汽车公司的别

◆鱼型车身

克牌轿车开创了鱼型汽车的时代。

楔型车身

◆丰田 MR2

设计者们经过多种方案的筛选后找到了一种楔形车身。这种车身整体向前下方倾斜，车身后部陡然平直。这种车身外形不但能有效地克服汽车升力等问题，而且适合高速行驶。这种车身外形就目前来看非常理想。现在，世界各大汽车生产商都已经生产带有楔形效果的小客车。从外表看，这种车身造型清爽利落、简洁大方，非常具有时代气息，能带来一种美的享受。

楔形造型主要在赛车上得到广泛应用。因为赛车首先要考虑流体力学（空气动力学）等问题对汽车的影响，而把乘坐的舒适性作为次要问题考虑，车身可以完全按楔形制造。如 20 世纪 80 年代的意大利法拉利跑车，就是典型的楔形造型。楔形造型对于高速行驶的汽车来说，无论从其造型的简练、动感方面，还是从其对空气动力学的良好应用方面，都比较符合现代人的主观要求，具有极强的现代气息，给人以美好的享受和速度的快捷感。

未来车身

车身外形从马车型、甲壳虫型、船型、鱼型到楔型的演变经历了漫长的过程。虽然这里包含了无数设计者们的心血和匠心，但和发动机、底盘、电气技术的发展比起来还相差甚远。这足以说明车身设计在很长一段时期内没有得到重视，尚未形成一套完整、成熟的理论。

随着时代的发展，人们文化生活水平的提高，用户对汽车这个运动的物体已不单单满足于它的机械性能，对汽车车身的审美意识已提到一个很

高的层次。近年来，在国内举办的各类国际车展，多种多样的车身外形为人们展示了一个五彩缤纷的艺术世界。不难看出，车身设计已经成为一门单独的学科，需要更多的人去开拓。

◆Nanospyder

拓展思考

1. 汽车车身的不同对汽车行驶有什么不同的作用？
2. 试指出你身边的汽车都属于什么类型的车身？
3. 自己设计几种车身类型。

汽车狂想曲
——未来汽车发展方向

◆大众汽车未来之车“自我”

近几年来世界汽车工业增长速度之快，发展势头之猛，令世人惊叹。随着科学技术不断应用于汽车中，汽车的结构在不断地改进，生产技术也在不断地提高和更新。汽车设计制造的水平越来越高，汽车的性能越来越完善，汽车技术逐渐向电子信息化、智能化、网络化等方向发展。那么在不远的将来汽车会是什么样子的呢？未来的汽车和现在的汽车又会有多大的不同呢？未来汽车会有多么神奇呢？

汽车性能的发展趋势

电控燃油喷射、点火技术的应用

电控燃油喷射系统是把各种传感器输来的发动机工况信号经电子电控单元（ECU）处理后控制燃油喷射量的。点火系统的控制方式是 ECU 根据一定的设备检测到的发动机的一些工况信号，计算出通电时间和点火时刻，并根据计算结果控制点火器，再由点火器控制点火线圈，从而使火花塞适时点着可燃混合气。电控燃油喷射、点火技术可以使汽车发动机的工作更加完善，它可以获得最佳的空燃比，最佳的燃烧性能，更大的功率，更少的排放。因为汽车传感器能正确反映汽车各部分的工况，由传感器转换的电信号进入电脑，通过电脑控制给出汽车运行最佳的各种信号去控制各部分的执行器，完成汽车电子控制过程。

◆直喷式柴油机

电动汽车快速发展

随着人们对环保的强烈要求，我国研制出了一些新型电池。这些电池价格相对便宜、能量高、用这些电池发动的使用寿命长，电动汽车将越来越多地在各大城市取代汽油汽车和柴油汽车而成为一种代步工具。尽管石油能源汽车在未来三四十年内仍会保持领先，但以电动汽车为代表的新能源汽车将成为未来汽车的主流。

汽车安全标准更加严格

在对汽车的所有要求中，汽车的安全性能无疑是最重要的，它直接关系到乘客的安全。为保证汽车的可靠性和稳定性，汽车中有很多系统都与行车的安全性有直接关系。如刹车防抱死装置（ABS）、电子动力分配系统（EBD）、紧急刹车辅助系统（EBA）、电子牵引力控制系统（ETC）、智能气囊、三点自动上肩式安全带、防侧撞杆等都是比较常见的安全控制系统。

◆电动汽车

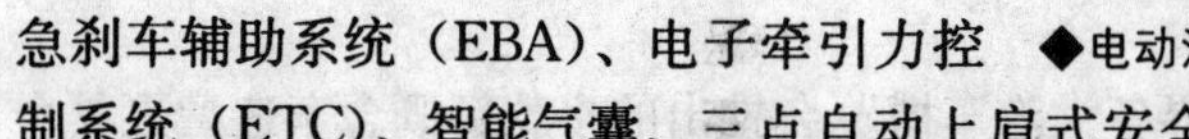

知识点击

油耗：俗称汽车在行驶完100千米时的耗油量。汽车的经济性指标主要由耗油量来表示，是汽车使用性能中重要的性能。在我国，这些指标是汽车制造厂根据国家规定的试验标准，通过样车测试得出的，等速油耗和循环油耗。

汽车辅助电控系统将更加完善

为了有效防盗，汽车防盗系统由机械向电子控制方向发展，电控防盗系统也在不断地完善，如电子防盗门锁、电子发动机锁，它使偷车贼无法下手。为了完善驾驶性能，汽车上应用电控可变技术、智能驾驶系统等等。为对驾驶员进行导向，全球卫星定位系统（GPS）将得到普及，使驾驶人员无论身处何处，都不会迷路。

降低排放污染、提高经济性

◆低油耗车的绝佳选择铃木奥拓

由于汽车数量在不断增加，汽车排放所造成的环境污染也越来越严重。面对日趋严重的污染问题，我国汽车排放控制标准将会更加严格。提高经济性，降低油耗，这也是各大汽车制造厂商为之努力的。随着近年国际燃油价格地不断攀升，经济性好、将油耗低的汽车在未来将会受到广大车主的喜爱和追捧，低使用成本的低油耗车型将成为市场上的抢手货。

车身造型的发展趋势

进入21世纪后，世界各大汽车博览会推出的多款新概念车造型更具个性和特色。未来车身造型的发展趋势综合起来主要有以下一些特点：

气动最优化

一部汽车车身造型发展史，从某种意义上说就是一部不断追求具有最佳气动造型的历史，人们一直在努力研究能够减小气动阻力且气动稳定性好的车身造型，今后这仍将是未来车身造型追求的目标之一，但更主要的工作是在增强气动行驶稳定性上。

个性化

车身气动最优化是否会导致未来汽车外形的雷同，从而失去个性化呢，其实汽车车身造型的各个发展过程已经揭示了这个问题的答案。在车身造型的历史发展时期，可能会由于追求气动造型的优化而使得某一种车型成为一个时期内的主导车型，但绝不是唯一车型。

◆Outrageous 改装版

随着社会的发展，社会意识形态和美学观念的丰富，汽车的造型设计会起到越来越大的作用，现代人对汽车式样个性化的要求也会越来越高。不同阶层、不同行业、不同地域的审美意识也会大不相同。随着人类物质文化水平的提高和生活环境的变化以及生活方式的多样化，作为大众化商品的汽车无疑将出现各式各样更新颖更奇特的新车型。

科技文件夹

未来的气动造型优化应满足以下几点：

(1) 最佳气动性能的车身外形只能通过计算机辅助设计和部分实验得出；

(2) 车身所受的气动纵倾力矩和气动横摆力矩理论上为零；

(3) 车身所受的气动升力理论上为略小于零；

(4) 减少气动阻力虽然不再是主要目标，但气动刚力系数不应大于0.2。

人性化

◆奥迪概念跑车

汽车是人的代步工具，与人的日常生活息息相关，现已形成独特的汽车文化。“一堆冰冷的钢铁”是无法满足现代人精神和文化需求的。车身造型设计必须以人为本，体现人机协调，操作方便、舒适，使汽车适应人的各种生理和心理要求，从而提高工作效率、保障安全、维护健康。未来的车身造型设计将在车身外观设计、人机工程以及室内环境等方面更加突出人性化理念。

狂想汽车能源与材料

汽车的动力来源从汽油到柴油再到天然气，几乎将传统能源全部“为我所用”，但是随着工业社会能源消耗的几何式增长，刻板地沿用传统能源作为汽车的动力已不可能。为了避免汽车社会的终结，各国的众多科技人员和各大国际汽车企业都在竭力寻找任何可能的替代能源。氢动力，氢燃料电池，油电混合动力甚至是20世纪60年代倍受追捧的核动力都曾走进过试验室。如今，对未来汽车替代能源的寻求已经不

◆木质的奔驰 Recy 跑车

◆MINI BioMoke

仅限于科学家与艺术家的创造和热情，更多的是人们与时间在赛跑，争取在能源枯竭前，完成对汽车和汽车社会的救赎。

还有一个方面是材料，汽车的材料。究竟用什么样的材料制造成的汽车才更安全，更环保，成了设计时应考虑的重要问题。奔驰的设计师以胶合板为原料制造了奔驰 Recy 的可回收材料车身，虽然哪怕是微小的碰撞都足以彻底毁灭这辆车，但其变革精神仍然值得钦佩。同样虑及环保的设计还有来自宝马的 MINIBioMoke，这款由可降解材料构成的车体虽然人畜无害，但只能使用五年，五年后便随着材料的降解而灰飞烟灭。

以上种种设计犹如镜花水月，让忙碌于现实的人们觉得遥不可及。但是想想汽车诞生时，卡尔·本茨所受到的来自目光短浅者的嘲笑，想想如今的幻想在若干年后可能会在我们儿孙的车库中得到验证，谁敢说这些图纸上的线条和屏幕上的动画是虚幻的呢?

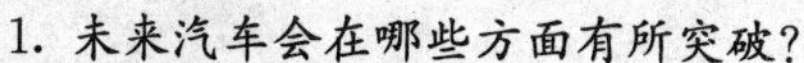

1. 未来汽车会在哪些方面有所突破?
2. 列举几种清洁能源。
3. 自己设计一个未来车身。

纸上谈车

——解剖汽车

汽车改变了人们的活动范围，改变了人们的生活方式，更改变了社会的生产模式。时至今日，汽车已经完全融入了我们的生活，汽车正在改变着普通人的日常生活。我们有必要揭开汽车的神秘面纱，去解剖汽车的结构，去认识汽车的每一部分，去把握汽车，让汽车能更好地为我们服务。

从汽车产业到汽车社会，从汽车文化到汽车文明，城市让生活更美好，汽车让生活更精彩。让我们握紧手中的“手术刀”去解剖汽车，用科学的眼光来认识这个改变我们生活的家伙吧！

汽车的心脏
——发动机

汽车，一个机器金刚；司机，一个驾驭汽车的人，汽车怎么会在司机手里能行驶起来呢？汽车行驶的动力来自哪里呢？是司机吗？不是，司机只不过是一个给汽车行驶发号施令的一个角色。

◆BMW 发动机

原来汽车的动力来自于发动机，发动机是一整套动力输出设备，包括变速齿轮、引擎和传动轴等等，其中引擎是整个发动机的核心部分。

不知道大家有没有注意到有些汽车后面会标有“V6”、“V8”、“1.8L”、“2.0L”的字样，它们究竟代表什么意思呢？我们带着上面的问题来探究汽车的心脏——发动机！

认识汽车心脏

发动机，又称为引擎，是一种能够把一种形式的能量转化为另一种形式的能量的机器，通常是把化学能转化为机械能。（把电能转化为机械能的称为电动机。）有时它既可单指动力发生装置，也可指包括动力装置在内的整个机器。比如汽油发动机、航空发动机。

发动机最早诞生在英国，所以发动机的概念也源于英语，它的本义是

◆古老的外燃机压路机

◆我国重型燃气轮机

指那种“产生动力的机械装置”。随着科技的进步，人们不断地研制出不同用途多种类型的发动机。但是，不管哪种发动机，它的基本前提都是要以某种燃料燃烧来产生动力。所以，以电为能量来源的电动机，不属于发动机的范畴。

回顾发动机产生和发展的历史，它经历了外燃机和内燃机两个发展阶段。

所谓外燃机，就是说它的燃料在发动机的外部燃烧，发动机将这种燃烧产生的热能转化成动能，瓦特发明的蒸汽机就是一种典型的外燃机，当大量的煤燃烧产生热能把水加热成大量的水蒸气时，高压便产生了，然后这种高压又推动机械做功，从而完成了热能向动能的转变。明白了什么是外燃机，也就便于理解什么是内燃机。这一类型的发动机与外燃机的最大不同在于它的燃料在发动机内部燃烧。内燃机的种类十分繁多，我们常见的汽油机、柴油机就是典型的内燃机。

此外还有燃气轮机，这种发动机的工作特点是燃料燃烧产生高压燃气，燃气的高压推动燃气轮机的叶片旋转，从而输出动力。燃气轮机使用范围很广，但由于很难精确地调节输出功率，所以汽车和摩托车很少使用燃气轮机，只有部分赛车装用过燃气轮机。

小知识

能量既不会凭空产生，也不会凭空消灭，它只能从一种形式转化为其他形式，或者从一个物体转移到另一个物体，在转化或转移的过程中，能量的总量不变。这就是能量守恒定律。

“V6”、“V8”、“1.8L”、“2.0L”

发动机排量是发动机各汽缸工作容积的总和，一般用升（L）表示。发动机排量是非常重要的发动机参数，发动机的许多指标都同排气量密切相关。一般来说，排量越大，发动机输出功率越大。

气缸体

水冷发动机的气缸体和上曲轴箱常铸成一体，称为气缸体—曲轴箱，也可称为气缸体。在气缸体内部铸有许多加强筋，冷却水套和润滑油道等。

为了能够使气缸内表面在高温下正常工作，必须对气缸和气缸盖进行适当地冷却。冷却方法有两种，一种是水冷，另一种是风冷。这就是我们所说的水冷发动机和风冷发动机了。水冷发动机的气缸周围和气缸盖中都加工有冷却水套，并且气缸体和气缸盖冷却水套相通，冷却水在水套内不断循环，带走部分热量，对气缸和气缸盖起冷却作用。

◆重庆银钢集团 250 水冷发动机

曲轴箱

气缸体下部用来安装曲轴的部位称

为曲轴箱，曲轴箱分上曲轴箱和下曲轴箱。上曲轴箱与气缸体铸成一体，下曲轴箱用来贮存润滑油，并封闭上曲轴箱，故又称为油底壳。油底壳受力很小，一般采用薄钢板冲压而成，其形状取决于发动机的总体布置和机油的容量。

万 花 筒

汽油机燃烧室常见的三种形式：

(1) 半球形燃烧室

(2) 楔形燃烧室

(3) 盆形燃烧室

气缸盖

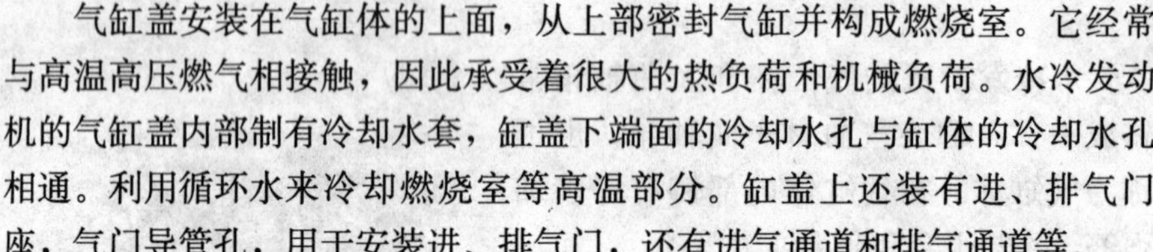

气缸盖安装在气缸体的上面，从上部密封气缸并构成燃烧室。它经常与高温高压燃气相接触，因此承受着很大的热负荷和机械负荷。水冷发动机的气缸盖内部制有冷却水套，缸盖下端面的冷却水孔与缸体的冷却水孔相通。利用循环水来冷却燃烧室等高温部分。缸盖上还装有进、排气门座，气门导管孔，用于安装进、排气门，还有进气通道和排气通道等。

链接——解读“V6”……

经常在汽车资料的发动机一栏中见到“L4”、“V6”、“V8”、“W12”等字样。这些都表示发动机气缸的排列形式和缸数。汽车发动机常用缸数有3缸、4缸、6缸、8缸、10缸、12缸等。

一般说来，排量1升以下的发动机常用3缸，例如0.8升的奥拓和福莱尔轿车。排量1升至2.5升的一般为4缸发动机，常见的经济型轿车以及中档轿车发动机基本都是4缸。3升左右的发动机一般为6缸，比如排量3.0升的君威和新雅阁轿车。

排量4升左右的发动机一般为8缸，比如排量4.7升的北京吉普的JEEP4700。排量5.5升以上的发动机一般用12缸发动机，例如排量6升的宝马760Li就采用V12发动机。

前驱、后驱、四驱

前轮驱动

◆SUV 哈弗 M2

前置引擎前轮驱动的汽车驱动系统，即我们通常所说的 FF。除了一些高性能跑车以外，目前我们在大街上见到的小轿车一般都采用前置引擎。为什么呢？显而易见，把引擎放置在车头，可以增大车箱内部空间，令乘坐更加舒适，所以只要不是为了追求高性能表现的超级跑车，房车或者 SUV 这类汽车都是采用前置引擎的布局。

后轮驱动

后置引擎后轮驱动的汽车驱动系统，即我们通常所说的 FR。很明显，这种驱动方式的汽车需要有一根长长的传动轴，把位于车头的引擎输出的动力传给驱动轮——后轮，这样对于一般的车辆，比如面包车，车身就比较高了，因为要在车的底盘下放置传动轴；而对于轿车来说，为了维持低底盘的特性，只好让传动轴凸进车厢，牺牲内部空间来换取高性能了。还有一个问题就是，有了一根长长的传动轴，本身亦会消耗一部分动力，这都是 FR 汽车的缺点。

而 FR 的优点也是显而易见的，就是在车身的重量分布上更容易做到前后轴平衡，虽然引擎是至于前轴之上，可是变速箱已经位于前轴的后面了，而后轴还有差速器（即尾牙）等关键部件，所以对于整车的平衡来说，要较 MR、RR、FF 更加容易做到。

知识窗

前轮驱动容易转向不足，后轮驱动容易转向过度。前轮驱动车结构简单，重量轻，后排空间大；后轮驱动由于有根传动轴和后轮差速器，结构复杂，成本高，车更重。但是前轮驱动一般都是前置发动机，发动机变速箱负荷都在前轮上，对前轮的损耗大，后轮驱动车在重量分配上做得更好。

最关键的是，后轮驱动可以漂移，前轮驱动只能甩尾，一般小型、中型轿车都是前轮驱动，中高级轿车都是后轮驱动，跑车一般是四轮驱动。

四轮驱动

全轮驱动，是指汽车前后轮都有动力。可按行驶路面状态不同而将发动机输出扭矩按不同比例分布在前后所有的轮子上，以提高汽车的行驶能力。一般用4×4或4WD来表示。如果你看见一辆车上标有上述字样，那就表示该车辆拥有四轮驱动的功能。

◆四驱车

过去只有越野车采用四轮驱动，一般的越野车，变速器后面装有手动分力器，前后车轴各装一个称为驱动桥的部件。现在轿车的马力都比较大，加速时重心后移，全车重量就会向后轴移动，造成前轴轻飘。前轮驱动的轿车即使在良好的路面上也会打滑，四轮驱动车就可以防止这种现象发生。

1. 发动机一般安装在汽车什么部位？
2. 汽车上面的 2.0L 代表什么？
3. 为什么有的车叫四驱车？

汽车中的科学

恶劣环境中的特种兵
——火花塞

汽油发动机是通过燃料和混合气体的适时燃烧使之产生动力，但是作为燃料的汽油即使处于高温环境下也很难自燃，要想使其适时燃烧有必要用“火”来点燃。那么有谁见到汽车司机在起动汽车的时候是用“火”来引燃然后起动的？没有，那么汽车怎么就起动了呢？这里就要说一说“火花塞”了。火花塞是一个点火装置，它很小，但是有很大的作用。发动机整体性能的好坏完全取决于火花塞闪出火花的质量。我们往往把发动机比作为“汽车的心脏”，那么火花塞可比作为“发动机的心脏”。

◆火花塞

火嘴

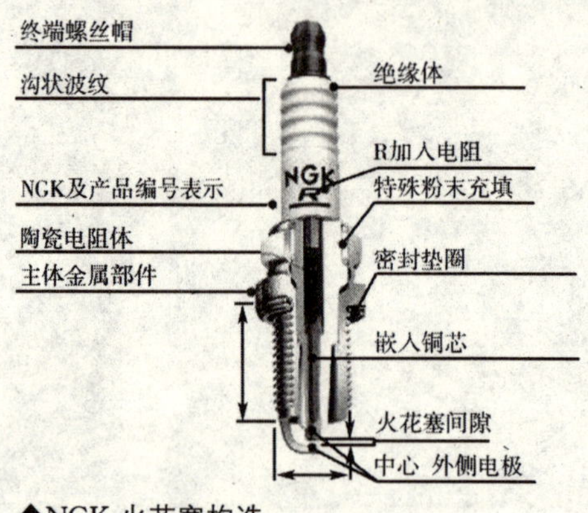

◆NGK 火花塞构造

火花塞，俗称火嘴，它的作用是把高压导线（火嘴线）送来的脉冲高压电放电，击穿火花塞两电极间空气，产生电火花以此引燃气缸内的混合气体。我们常听说普通火嘴、铂金火嘴、铱金火嘴，其实这些是根据火花塞电极材料的不同而区分出来的特殊称谓。一般汽车的原厂火花塞，其电极材料由镍锰合金制成（即普通火嘴），它们一般在行驶1万千米或1年后都要进行检查或更换。而铂金火花塞则可实现10万千米内免检查更换，而近年来才出现的铱金火花塞同样能达到这样的水平。

铂金、铱金火花塞的售价比较昂贵，其实金属的份量很少，仅在两电极的尖端焊上小小一丁点，不过不要小看这么一点。之所以要用稀有金属，首先是因其耐用。气缸在工作时，混合气压缩、燃烧产生极高的温度和压力，使火花塞电极温度高达900℃左右，此时还要火花塞点火，电极上的高温程度可想而知。由于银、金的熔点太低所以不能用作电极材料，而镍则有接近1500℃的熔点且价格便宜，所以被广泛应用。铂金则接近2000℃才被熔掉，其稳定性和抗烧蚀自然比镍要好。而新近出现的铱金材料则比铂金有更高的熔点，所以更加适合高性能发动机长时间、高转速情况下使用。另外，化学特性比较稳定是稀有金属的本质，所以铂金、铱金在发动机极高转速的高温、高压下，依然能提供准时、强劲的火花。要知道在这种极限情况下，普通火花塞极有可能发出不稳定、不准时的火花，甚至有可能"失火"，引擎的工作效率将因此大打折扣。

小知识

铱金是稀有贵重金属，是铂和铱的合金，稀有程度在铂金之上。其熔点、强度和硬度都很高。颜色为银白色，具金属光泽，性脆但在高温下可压成箔片或拉成细丝，熔点高达2454℃。化学性质非常稳定，不溶于水。主要用于制造科学仪器、热电偶、电阻绫等。

知识点击

火花塞必要的性能

耐热性：可适应极热，极冷的情况
机械的强度：可以适应激烈的压力变化
绝缘性：维持高电压的绝缘性
气密性：在恶劣环境下保持气密性
耐消耗性：把电极的消耗降到最小
耐污损性：把燃烧的污垢减到最少

火花塞干的那些事

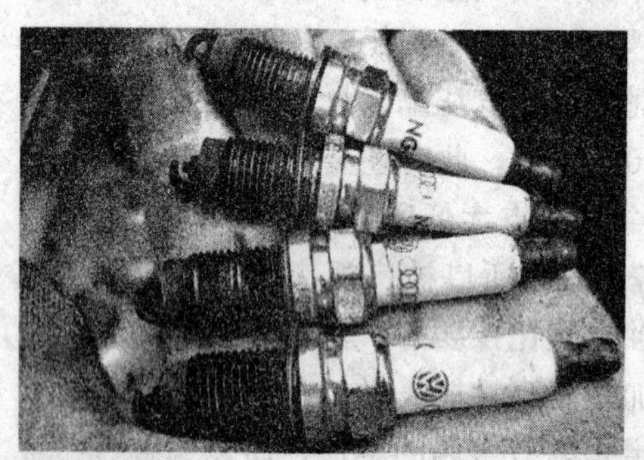
◆一个手掌中的四个火花塞

凡是汽油发动机上都有火花塞，一缸一个，个别的高速汽油发动机每缸还装有2个火花塞。火花塞虽然只是一个小零件，但它却极其重要，没有它发动机会动弹不得。

火花塞的作用是把点火线圈产生的高压电（1万伏特以上）引入发动机气缸，在火花塞电极的间隙之间产生火花点燃混合气。火花塞的工作环境极为恶劣，以一台普通四冲程汽油机的火花塞为例，进气冲程时温度只有60℃，压力90千帕；而在点火燃烧时，温度会瞬间上升至3000℃，压力达到4000千帕，这种急冷急热的交替频率很高，不是一般材料所能承受，还要保证绝缘性能，因此对火花塞的材料要求也就很苛刻了。

火花塞很小，一只口袋可以放好几只，但它的构造却不简单。它由绝缘体和金属壳体两大部分组成：金属壳体带有螺纹，用于拧入气缸；在壳体内装有绝缘体，它里面贯通着一根中心电极，中心电极上端有接线螺母，连接从分电盘过来的高压电线；在壳体的下端面焊有接地电极，中心电极与接地电极之间有0.6～1.0毫米的间隙，高压电经过这个间隙入地就会迸发出火花点燃混合气。

火花塞关键部分是绝缘体，如果绝缘体不起作用，高压电就会“抄小路”而不经两极入地，造成无火花现象。火花塞的绝缘体必须要有良好的机械性能和耐高电压、耐高温冲击、耐化学腐蚀的能力。普通火花塞多采用以氧化铝为基础的陶瓷做成。火花塞的尺寸是全世界统一的，在任何汽车上都可以通用，但由于汽油发动机类型有所区别，因此火花塞也会分两种基本类型：冷型和热型。当然，冷型与热型是相对而言的。火花塞要有适当的温度才能工作良好。一辆汽车用什么火花塞，要按照厂家的规定型号选用，不是什么火花塞都适用的。

链 接

火花塞这个玩意儿看上去简单，做起来不容易，它对材料及制造工艺的要求十分高，由于工作环境十分恶劣，火花塞绝缘体被击穿、电极积炭失效常会发生，因此它属于“易损件”，有不少司机的工具箱里常备火花塞，以便随时更换。当然，随着技术的发展，火花塞的耐用性也提高了，电极材料使用铂合金来代替传统的铜—镍合金，延长了火花塞的使用寿命，现代轿车的火花塞一般使用里程达十五万千米左右。

尖端放电

火花塞的工作原理其实是尖端放电。导体尖端的电荷特别密集，尖端附近的电场特别强，就会发生尖端放电。它的原理是物体尖端处曲率大，电力线密集，因而电势梯度大，致使其附近部分气体被击穿而发生放电。如果物体尖端在暗处或放电特别强烈时，这时往往可以看到它周围有浅蓝色的光晕。

◆尖端放电实验装置

通常情况下，空气是不导电的，但是如果电场特别强，空气中的分子正负电荷分别受到方向相反的强电场力，就有可能被“撕”开，这个现象叫做空气的电离。由于电离后的空气中有了可以自由移动的电荷，空气就可以导电了，空气电离后产生的负电荷就是负离子，失去电子的粒子带正电，叫做正离子。

当导体表面有电荷堆积时，电荷密度与导体表面的形状有关。电荷密度在凹的部位接近零，在平缓的部位小，在尖的部位最大。当电荷密度达到一定的量值后，电荷产生的电场会很大，以至于可把空气击穿（发生电离），空气中与导体带电相反的离子会与导体的电荷中和，出现放电火花，并能听到放电声。

◆被闪电击中的避雷针

如高压线有轮廓的地方，就会出现尖端放电。由于接到电源上，它一边放电，一边不停地提供放电需要的电荷，所以这种放电现象会持续下去。

避雷针正是应用了放电原理。高大建筑物上往往安装避雷针，这是因为当带电云层靠近建筑物时，建筑物上的电荷会感应上与云层相反的电荷，这些电荷会聚集到避雷针的尖端，达到一定的值后便开始放电，这样可以将建筑物上的电荷中和掉，使之达不到会使建筑物遭到损坏的强烈放电所需要的电荷量。

1. 火花塞是怎么工作的?
2. 柴油机上为什么不装火花塞?
3. 说出几种我们生活中尖端放电现象。

动力之源
——汽车燃料

汽车要想动起来是离不开能源的，现在一般的内燃机用的都是汽油和柴油。也就是说，汽车要想动起来一般离不开燃料。燃料通常指能够将自身存储的化学能通过化学反应（燃烧）转变为热能的物质，其来源大部分为石油。那么汽车内部是怎样“消化”这些燃料，使其为汽车运动提供动力的呢？这些燃料本身又有什么样的性质呢？给我们带来的是福音还是灾难呢？

◆油耗测试

汽车燃料主要指汽油机（点燃式发动机）用燃料和柴油机（压燃式发动机）用燃料，他们是当前汽车运行的主要动力来源。随着全球经济的发展，汽车保有量逐年增加，汽车尾气对环境的污染也日益严重，已成为空气污染的主要来源之一。因此，汽车制造商在不断完善发动机的燃烧系统，采用先进的电子控制技术和高性能的污染净化装置，改善汽车燃料利用现状，那么什么是我们常说的汽油和柴油呢？

汽油

无铅汽油，英文名为：ULP，外观为透明液体，主要是由四个碳原子至十个碳原子构成的各族烃类组成。我们常见的汽油标号 90 号，93 号，97 号，98 号是指汽油辛烷值指标，辛烷值是表示汽油抗爆性的指标。所

◆95 号车用无铅汽油

谓的 97 号汽油，就是含有 97%的异辛烷，3%的正庚烷。依此类推。根据发动机压缩比的不同应选用不同标号的汽油，这在每辆车的使用手册上都会标明。汽油具有较高的辛烷值和优良的抗爆性，用于高压缩比的汽化器式汽油发动机上可提高发动机的功率，减少燃料消耗量；汽油具有良好的蒸发性和燃烧性，能保证发动机运转平稳、燃烧完全、积炭少；汽油具有较好的安定性，在贮运和使用过程中不易出现氧化变质，对发动机部件及储油容器无腐蚀性。

原油的蒸馏、催化裂化、热裂化、加氢裂化、催化重整等过程都会产生汽油组分。但从原油蒸馏装置直接生产的直馏汽油，不单独作为发动机燃料，而是将其精制、调配，有时还加入添加剂（如抗爆剂四乙基铅）以制得商品汽油。商品汽油最重要的性能就是蒸发性、抗爆性、安定性和腐蚀性。

小贴士——汽油事故急救措施

皮肤接触：立即脱去被污染的衣着，用肥皂水和清水彻底冲洗皮肤。就医。

眼睛接触：立即提起眼睑，用大量流动清水或生理盐水彻底冲洗至少 15 分钟。就医。

吸入：迅速逃离现场至空气新鲜处。保持呼吸道通畅。如呼吸困难，给输氧。如呼吸停止，立即进行人工呼吸。就医。

食入：给饮牛奶或用植物油洗胃和灌肠。就医。

灭火方法：喷水冷却容器，可能的话将容器从火场移至空旷处。

灭火剂：泡沫、干粉、二氧化碳。用水灭火无效。

汽油标号的高低只是表示汽油辛烷值的大小，应根据发动机压缩比的不同来选择不同标号的汽油。压缩比在8.5～9.5之间的中档轿车一般应使用93号汽油；压缩比大于9.5的轿车应使用97号汽油。目前国产轿车的压缩比一般都在9以上，最好使用93号或97号汽油。

知 识 点 击

各种汽油

汽油是用量最大的轻质石油产品之一，是引擎的一种重要燃料。

根据制造过程可分为直馏汽油、热裂化汽油、催化裂化汽油、重整汽油、焦化汽油、叠合汽油、加氢裂化汽油、裂解汽油和烷基化汽油、合成汽油等。

根据用途可分为航空汽油、车用汽油、溶剂汽油等三大类。主要用作汽油机的燃料。

柴油

柴油，轻质石油产品，复杂烃类（碳原子数约为10～22）混合物。主要由原油蒸馏、催化裂化、热裂化、加氢裂化、石油焦化等过程生产的柴油馏分调配而成；也可由页岩油加工和煤液化制取。分为轻柴油（沸点范围约180～370℃）和重柴油（沸点范围约350～410℃）两大类。柴油广泛用于大型车辆、铁路机车、船舰。

柴油是压燃式发动机（即柴油机）的燃料，也是消耗量最大的石油产品之一。由于柴油机较汽油机热效率高，功率大，比较经济，故应用日趋广泛。它主要作为拖拉机、大型汽车、内燃机车及土建、农用机械的动力。柴油使用性能中最重要的是着火性和流动性，其技术指标分别为十六烷值和凝固点，我国柴油现行规格中要求含硫量控制在0.5%～1.5%。

科技文件夹

裂化

裂化是一种使烃类分子分裂为几个较小分子的反应过程。烃类分子可能在碳碳键、碳氢键、无机原子与碳或氢原子之间的键处断裂。在工业裂化过程中，主要发生的是前两类分裂。在中国，习惯上把从重质油生产汽油和柴油的过程称为裂化。

小知识——油品知识

含铅车用汽油

在车用汽油中加入一定量的四乙基铅，对提高车用汽油的辛烷值，改善车用汽油的抗爆性，能起到一定作用。但使用含铅汽油的汽车会排放铅化合物等有害气体，污染环境，损害人的神经、造血、生殖系统等直接危害人体健康。所以，这种方法已被废止。

无铅汽油

目前，无铅汽油的含义是指含铅量在 0.013 克/升以下的汽油，用其他方法提高车用汽油的辛烷值，如加入 MTBE 等。使用无铅车用汽油能够减少汽车尾气排放中的铅化合物，减少污染，对保护环境起到一定的积极作用。在我国，2000 年 1 月 1 日起，全国停止生产含铅汽油，同年 7 月 1 日停止使用含铅汽油，在全国实现了车用汽油的无铅化。

轻柴油

轻柴油是柴油汽车、拖拉机等柴油发动机燃料。目前国内应用的轻柴油按凝固点分为 6 个牌号：10 号柴油、0 号柴油、－10 号柴油、－20 号柴油、－35 号柴油和－50 号柴油。选用柴油的依据是使用时的温度。选用柴油的牌号如果低于一定温度，发动机中的燃油系统就可能结蜡，堵塞油路，影响发动机的正常工作。

清洁汽油

清洁汽油是一种新配方汽油，它既能够为汽车提供有效的动力，又能减少有害气体的排放。使用清洁汽油的好处很多，可以减少污染、清洁汽车部件、省油等。

1. 什么是压燃式发动机？
2. 加油站的那些标号都代表什么意思？
3. 未来哪一种燃料更受人欢迎？

汽车是怎么行驶起来的
——汽车行驶

城市中，街道上，汽车或疾驰而过，或走或停，司机把一个庞然大物摆弄得“服服帖帖”的。汽车有了燃料就有了动力，汽车有了司机就能正常地行驶在公路上，那么汽车是怎么行驶起来的？司机又通过什么“法力”让汽车在行驶过程中，快快慢慢，带着这些问题让我们走进汽车的行驶系统。

为你架起天桥——传动系

任何车辆的行驶，都是遵循物理学的基本原理：车轮转动时，地面给车轮一个反作用力，该反作用力推动汽车前进。

◆奥迪的 quattro 全时四驱系统，技术非常先进

汽车以燃料在气缸中燃烧产生的高压气体推动活塞、连杆，使曲轴旋转，带动传动系统，再将动力传到车轮，使车轮转动。车轮转动时，地面给车轮一个反作用力，这个反作用力叫驱动力。

汽车传动系的基本功能就是将发动机发出的动力传给驱动车轮。它的首要任务就是与汽车发动机协同工作，以保证汽车能在不同使用条件下正常行驶，并具有良好的动力性和燃油经济性，为此，汽车传动系都具备以下的功能：

减速和变速

我们知道，只有当作用在驱动轮上的牵引力足以克服外界对汽车的阻力时，汽车才能起步和正常行驶。传动系具有减速增距作用（简称减速作用），亦即使驱动轮的转速降低为发动机转速的若干分之一，相应地驱动轮所得到的扭矩则增大到发动机扭矩的若干倍。

汽车的使用条件，诸如实际装载量、道路坡度、路面状况，以及道路宽度和曲率、交通情况所允许的车速等等，都在很大范围内不断变化。这就要求汽车牵引力和速度也要有相当大的变化范围。为了使发动机能保持在有利转速范围内工作，而汽车牵引力和速度又能在足够大的范围内变化，应当使传动系传动比（所谓传动比就是驱动轮扭矩与发动机扭矩之比以及发动机转速与驱动轮转速之比）能在最大值与最小值之间变化，即传动系应起变速作用。

你知道吗？

扭矩

扭矩在物理学中就是力矩的大小，等于力和力臂的乘积，国际单位是牛·米（N·m），在人们日常表达里，扭矩常常被称为扭力（在物理学中这是两个不同的概念）。

实现汽车倒驶

汽车在某些情况下，需要倒向行驶。然而，内燃机是不能反向旋转的，故与内燃机共同工作的传动系必须保证在发动机选择方向不变的情况下，能够使驱动轮反向旋转。

小 知 识

所谓自动档，顾名思义就是不用驾驶者去手动换档，车辆会根据行驶的速度和交通情况自动选择合适的档位行驶。

必要时中断转动

内燃机只能在无负荷的情况下起动，而且起动后的转速必须保持在最低稳定转速上，否则即可能熄火，所以在汽车起步之前，必须将发动机与驱动轮之间的传动路线切断，以便起动发动机。发动机进入正常速度运转后，再逐渐地恢复传动系的传动能力，即从零开始逐渐对发动机曲轴加载，同时加大节气门开度，以保证发动机不致熄灭，且汽车能平稳起步。此外，在变换传动系传动比档位（换档）以及对汽车进行制动之前，都有必要暂时中断动力传递。

差速作用

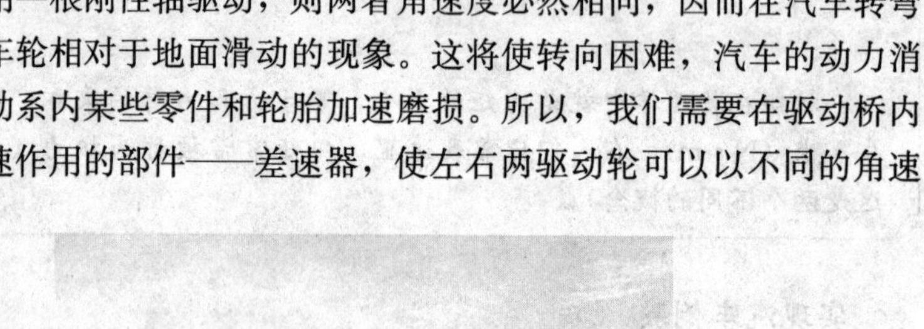

当汽车转弯行驶时，左右车轮在同一时间内滚过的距离不同，如果两侧驱动轮仅用一根刚性轴驱动，则两者角速度必然相同，因而在汽车转弯时必然产生车轮相对于地面滑动的现象。这将使转向困难，汽车的动力消耗增加，传动系内某些零件和轮胎加速磨损。所以，我们需要在驱动桥内装置具有差速作用的部件——差速器，使左右两驱动轮可以以不同的角速度旋转。

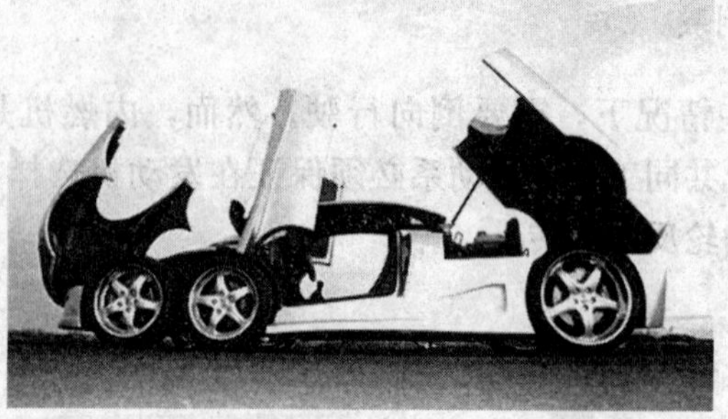

◆超强急转弯 6 轮跑车

从此不再静止——行驶系

◆悬架系统

汽车的车架、车桥、车轮和悬架等组成了行驶系。行驶系将汽车构成一个整体，承受汽车的总重量和地面的反力；接受传动系的动力，通过驱动轮与路面的作用产生牵引力，使汽车正常行驶（即将传动系传来的转矩转化为汽车行驶的驱动力）；承受并传递路面对车轮的各种反力及力矩，缓和不平路面对车身造成的冲击，衰减汽车行驶中的振动，保持行驶的平顺性；与转向系配合，正确控制汽车的行驶方向，减振缓冲，保证汽车操纵稳定性。在这里我们要介绍一个汽车中的关键装置——离合器。

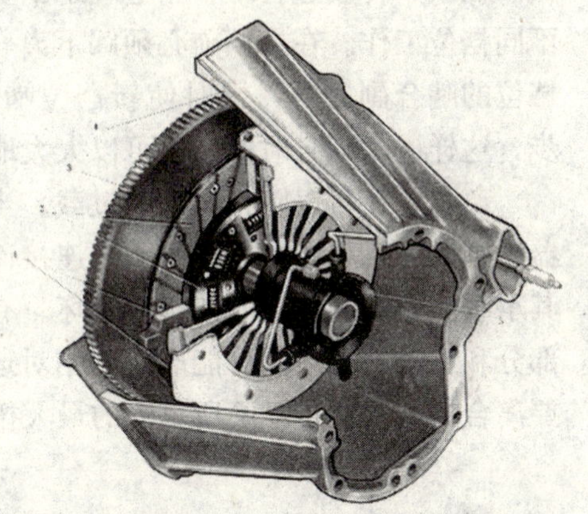
◆离合器剖面图

离合器可以保证汽车平稳起步，这是离合器的首要功能。在汽车起步前，自然要先起动发动机。而汽车起步时，汽车是从完全静止的状态逐步加速的。如果传动系（它联系着整个汽车）与发动机刚性地联系，则变速器一挂上档，汽车将突然向前冲一下，但并不能起步。这是因为汽车从静止到前冲时，具有很大的惯性，对发动机造成很大的阻力矩。在这惯性阻力矩的作用下，发动机转速在瞬间急剧下降到最低稳定转速以下，发动机即熄火而不能工作，当然汽车也不能起步。

因此，我们就需要离合器的帮助了。在发动机起动后，汽车起步之前，驾驶员先踩下离合器踏板，将离合器分离，使发动机和传动系脱开，再将变速器挂上档，然后逐渐松开离合器踏板，使离合器逐渐接合。在接

◆离合器

合过程中，发动机所受阻力矩逐渐增大，故应同时逐渐踩下加速踏板，即逐步增加对发动机的燃料供给量，使发动机的转速始终保持在最低稳定转速上，而不致熄火。同时，由于离合器的接合紧密程度逐渐增大，发动机经传动系传给驱动车轮的转矩便逐渐增加，到牵引力足以克服起步阻力时，汽车即从静止开始运动并逐步加速。

离合器也可以实现平顺的换档。在汽车行驶过程中，为适应不断变化的行驶条件，传动系经常要更换不同档位工作。在换档前必须踩下离合器踏板，中断动力传动，便于使原档位的啮合副脱开，同时使新档位啮合副的啮合部位的速度逐步趋向同步，这样进入啮合时的冲击可以大大地减小，实现平顺的换档。

离合器还可以防止传动系过载。当汽车进行紧急制动时，若没有离合器，则发动机将因和传动系刚性连接而急剧降低转速，对传动系造成超过其承载能力的载荷，而使机件损坏。有了离合器，便可以依靠离合器主动部分和从动部分之间可能产生的相对运动以消除这一危险。因此，我们需要离合器来限制传动系所承受的最大扭矩，保证安全。

知识点击

离合器的类型

电磁离合器：靠线圈的通断电来控制离合器的接合与分离。磁粉离合器：在主动与从动件之间放置磁粉，不通电时磁粉处于松散状态，通电时磁粉结合，主动件与从动件同时转动。

转差式电磁离合器：离合器工作时，主、从部分必须存在某一转速差才有转矩传递。

1. 简述汽车是怎么行驶的?
2. 汽车是怎么变速的?
3. 离合器有什么作用?

汽车是怎么停下来的
——汽车制动

◆制动踏板

使行驶中的汽车按照驾驶员的要求进行强制减速甚至停车；使已停驶的汽车在各种道路条件下（包括在坡道上）稳定驻车；使下坡行驶的汽车速度保持稳定，这都与我们的行驶安全息息相关，那么汽车是怎么来实现上述指令呢？原来汽车上装有制动系统，制动系统是汽车上用以使外界（主要是路面）在汽车某些部分上（主要是车轮）施加一定的力，从而对其进行一定程度的强制制动的一系列专门装置。

汽车制动系

为了保证汽车安全行驶，提高汽车的平均行驶车速，以提高运输生产率，在各种汽车上都设有专用制动装置。这一系列的专门装置即称为制动系。汽车制动系是用来保证汽车行驶中能按驾驶员要求减速停车并且保证车辆可靠停放。

当驾驶员踩下制动踏板以后，汽车通过制动液将驾驶员脚下发出的力传递到制动器。而制动实际上需要的力要远远大于脚所施加的力，因此汽车必须将脚施加的力放大。放大的方式有两种：机械效益和液压放大。制动器通过摩擦将制动力传递到轮胎，轮胎则通过摩擦将制动力传递到路面。让我们先了解一下下面这几个原理：杠杆作用、液压作用和摩擦力作用。

科技文件夹

制动系统可分为行车制动系统、驻车制动系统、应急制动系统及辅助制动系统用以使行驶中的汽车降低速度甚至停车的制动系统称为行车制动系统；用以使已停驶的汽车驻留原地不动的制动系统称为驻车制动系统；在行车制动系统失效的情况下，保证汽车仍能实现减速或停车的制动系统称为应急制动系统；在行车过程中，辅助行车制动系统降低车速或保持车速稳定，但不能将车辆紧急制停的制动系统称为辅助制动系统。

杠杆作用

制动踏板以如下方式设计，它可以将司机腿部发出的力在传递到制动液之前就放大几倍。

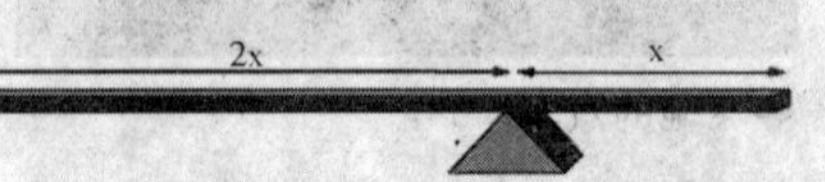

如右图所示，在杠杆的左端施加一个力。杠杆左端的长度是右端长度的两倍。所以，我们可以在杠杆右端获得的力是左端的力的2倍。杠杆原理亦称“杠杆平衡条件”。要使杠杆平衡，作用在杠杆上的两个力（用力点、支点和阻力点）的大小跟它们的力臂成反比。也就是说，动力臂是阻力臂的几倍，动力就是阻力的几分之一。

液压作用

任何液压系统的基本原理都很简单：作用于某一点的力被不能压缩的液体传递到另一点，这种液体通常是油类液体。绝大多数制动系统都是通过这一过程放大制动力的。右面是一个最简单的液压系统：

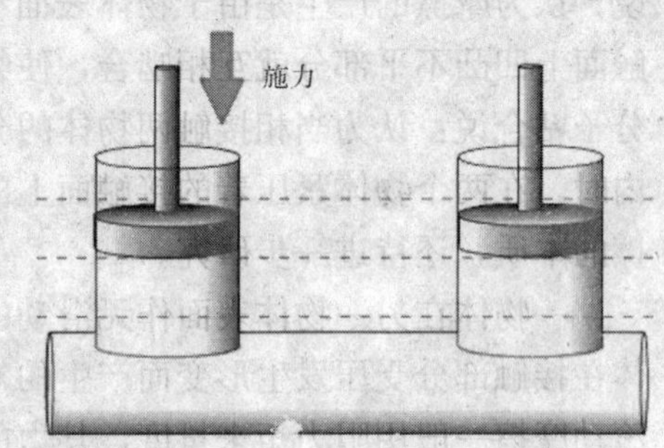

◆单一液压系统

两个活塞分别装在充满油的两个玻璃圆桶中，圆桶之间由一个充满油的导管连接。如果给一个活塞施加一个向下的力，那么这个力就可以通过管道内的液压油传递到另一个活塞。由于油不能被压缩，所以这种传递方式的效率非常高，几乎所有的力都传递给了第二个活塞。液压系统最大的好处就是，连接两个液压缸的导管可以是任何长度，也可以曲折成各种形状以绕过中间的其他部件。此外，还有一个好处就是液压管可以分支，这样一个主缸就可以被分成多个副缸。

摩擦力作用

◆飞驰的汽车

汽车制动最关键的就是摩擦力的作用，不管是从制动的发起还是到最后轮胎和地面的作用，都离不开摩擦力的作用。

当一物体在另一物体表面上滑动或有滑动趋势时，在两物体接触面上产生的阻碍它们之间相对滑动的现象，称为“滑动摩擦”。当物体间有相对滑动时的滑动摩擦称动摩擦。当物体间有滑动趋势而尚未滑动时的滑动摩擦称为静摩擦。滑动摩擦产生的原因很复杂，目前还没有定论。近代摩擦理论认为，产生滑动摩擦的主要原因有二，一是关于摩擦的凹凸啮合说，认为摩擦的产生是由于物体表面粗糙不平。当两个物体接触时，在接触面上凹凸不平部分就互相啮合，使物体运动受到阻碍而引起摩擦；二是分子粘合说：认为当相接触两物体的分子间距离小到分子引力的作用范围内时，在两个物体紧压着的接触面上的分子引力便引起吸附作用。关于摩擦的本质，还待进一步研究。

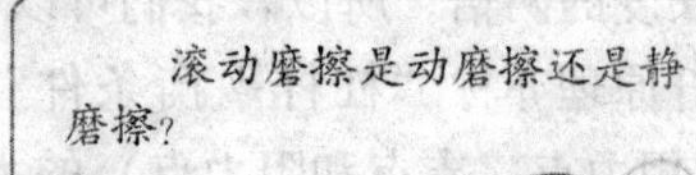

滚动磨擦是动磨擦还是静磨擦？

一物体在另一物体表面作无滑动的滚动或有滚动的趋势时，由于两物体在接触部分受压发生形变而产生的对滚动的阻碍作用，叫“滚动摩擦”。滚动摩擦一般用阻力矩来量度，其力的大小与物体的性质、表面的形状以及滚动物体的重量有关。滚动摩擦实际上是一种阻碍滚动的力矩。当一个物体在粗糙的平面上滚动时，如果不再受动力或动力矩作用，它的运动将会逐渐地慢下来，直到静止。

原理介绍

滑动摩擦系数

滑动摩擦力的大小和彼此接触物体的相互间的正压力成正比：即 $f=\mu N$，其中 μ 为“滑动摩擦系数”，它是一个没有单位的比例常数。滑动摩擦系数与接触物体的材料、表面光滑程度、干湿程度、表面温度、相对运动速度等都有关系。

万花筒

力矩

在物理学里，力矩是一个向量，可以被想象为一个旋转力或角力，导致旋转运动的改变。力矩不代表转矩。力矩的概念，起源于阿基米德对杠杆的研究。

生活中的摩擦力

在日常生活中我们能经常接触到摩擦力。例如，拿在手中的瓶子、毛笔不会滑落，就是静摩擦力作用的结果；在生产技术中的应用也很多。例如，皮带运输机就是靠货物和传送皮带之间的静摩擦力来传递货物的。下边具体说明两个常见的物理现象：

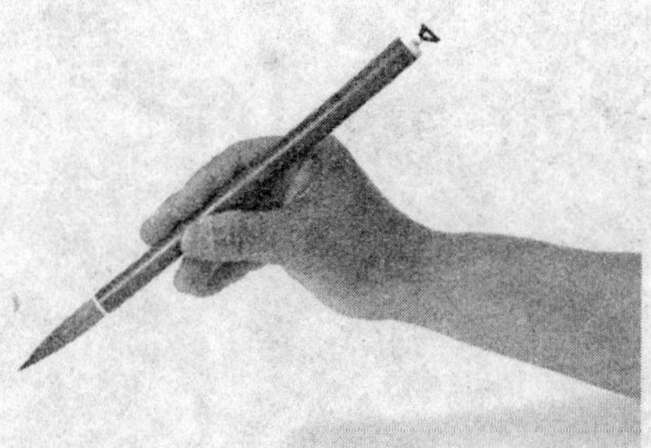

人的行走

人的行走相当于多边形的滚动，步幅的一半相当于力臂。根据摩擦力的方向可以判定，人的行走是转动（力矩）效应引起的滚动。显然，被人

推着走时摩擦力的方向向后，是平动效应引起的滚动。

自行车的运动

自行车后轮是通过链条传递的转动力矩产生的滚动，该作用力又叫牵引力。其与地面接触点的作用力方向向后（与滚动方向相反）。因此，静摩擦力的方向向前；前轮是通过前轴传递的平动作用力产生的滚动，其与地面接触点的作用力方向向前。因此，静摩擦力的方向向后。

拓展思考

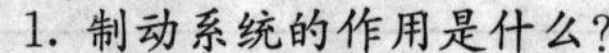

1. 制动系统的作用是什么？
2. 制动系统主要的实现构造是什么？
3. 杠杆原理描述的是什么问题？

凸凹背后的故事
——花纹轮胎

有人说汽车的动力来自发动机，有了发动机就可以让汽车动起来了，那么你可以做这样一个实验，实验仪器很简单，一个可以行驶的玩具汽车，第一次你让玩具汽车正常行驶，第二次你用手把它拿起来，其余的不发生变化，你看到汽车行驶了吗？很显然没有，只有几个轮子在那里空转，你现在还认为让汽车动起来的是发动机给的动力吗？原来汽车依靠轮胎支承在路面上，而直接与路面接触的却是轮胎花纹。轮胎不仅承载、滚动，而且通过其花纹块与路面产生的摩擦力，成为汽车驱动、制动和转向的动力之源。

轮胎花纹的作用

轮胎花纹的主要作用就是增加胎面与路面间的摩擦力，以防止车轮打滑，这与鞋底花纹的作用如出一辙。轮胎花纹提高了胎面接地弹性，在胎面和路面间切向力（如驱动力、制动力和横向力）的作用下，花纹块能产生较大的切向弹性变形。切向力增加，切向变形随之增大，接触面的“摩擦作用”也就随之增强，进而抑制了胎

◆摩擦过的轮胎

面与路面的打滑或打滑趋势。这在很大程度上消除了无花纹（光胎面）轮胎易打滑的弊病，使得与轮胎和路面间摩擦性能有关的汽车性能——动力性、制动性、转向操纵性和行驶安全性的正常发挥有了可靠的保障。有研究表明，产生胎面和路面间摩擦力的因素还包括这两面间的粘着作用，分子引力作用以及路面小凸体对胎面微切削作用等，但是，起主要作用的仍是花纹块的弹性变形。

影响花纹作用的因素较多，但起主要作用并与汽车使用有关的因素是花纹型式和花纹深度。

小知识

当外力撤消后，物体能恢复原状，这样的形变叫做弹性形变，如弹簧的形变等。

当外力撤去后，物体不能恢复原状，这样的形变叫做范性形变，如橡皮泥的形变等。

花纹型式的影响

轮胎花纹型式多种多样，但归纳起来主要有 3 种：普通花纹、越野花纹和混合花纹。

普通花纹

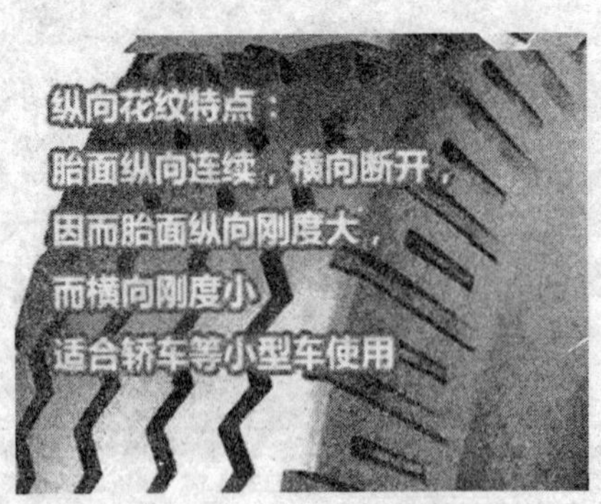

普通花纹适合于在硬路面上使用。它分为纵向花纹、横向花纹和纵横兼有花纹。

1. 纵向花纹

纵向花纹的共同特点是胎面纵向连续，横向断开，因而胎面纵向刚度大，而横向刚度小，轮胎抗滑能力表现出横强而纵弱。这种花纹轮胎的滚动阻力较小，散热性能好，但花纹沟槽易嵌入碎石子儿。综合起来看，这种型式花纹适合在比较清洁、良好的硬路面上行驶。例如，轿车、轻型和微型货车等多选择这种花纹。

2. 横向花纹

横向花纹的共同特点是胎面横向连续，纵向断开，因而胎面横向刚度大，而纵向刚度小。故轮胎抗滑能力呈现出纵强而横弱，汽车以较高速度转向时，容易侧滑；轮胎滚动阻力也比较大，胎面磨损比较严重。这种型式花纹适合于在一般硬路面上、牵引力比较大的中型或重型货车使用。

3. 纵横兼有花纹

这种花纹介于纵向花纹和横向花纹之间。在胎面中部一般具有曲折形的纵向花纹，而在接近胎肩的两边则制有横向花纹。这样一来，胎面的纵横抗滑能力都比较好。因此这种型式花纹的轮胎适应能力强，应用范围广泛，它既适用于不同的硬路面，也适宜于轿车和货车。

越野花纹

越野花纹的共同特点是花纹沟槽宽而深，花纹块接地面积比较小（约40％～60％）。在松软路面上行驶时，一部分土壤将嵌入花纹沟槽之中，必须将嵌入花纹沟槽的这一部分土壤剪切之后，轮胎才有可能出现打滑。据测试，在泥泞路上，同一车型的车辆使用越野花纹轮的牵引力可达普通花纹的1.5倍。

◆固特异出品的一款越野轮胎

越野花纹分为无向和有向花纹两种。有向花纹使用时具有方向性。越野花纹轮胎适合于在崎岖不平的道路、松软土路和无路地区使用。由于花纹块的接触压力大，滚动阻力大，故不适合在良好硬路面上长时间行驶。否则，将加重轮胎磨损，增加燃油消耗，汽车行驶振动也比较厉害。

◆固特异为 SUV 车型推出的全路况轮胎采用混合花纹设计

混合花纹

混合花纹是普通花纹和越野花纹之间的一种过渡性花纹。其特点是胎面中部具有方向各异或以纵向为主的窄花纹沟槽，而在两侧则以方向各异或以横向为主的宽花纹沟槽。这样的混合花纹搭配的综合性能好，适应能力强。它既适应于良好的硬路面，也适应于碎石路面、雪泥路面和松软路面，附着性能优于普通花纹，但耐磨性能稍逊。目前，一些货车和四轮驱动的乘用车多使用这种花纹轮胎。

◆防滑水轮胎

花纹深度的影响

花纹愈深，则花纹块接地弹性变形量愈大，由轮胎弹性迟滞损失形成的滚动阻力也将随之增加。较深的花纹不利于轮胎散热，使胎温上升加快，花纹根部因受力严重而易撕裂、脱落等。花纹过浅不仅影响其贮水、排水能力，容易产生有害的“滑水现象”，而且使光胎面轮胎易打滑的弊端凸现出来，从而使前面提及的汽车性能变坏。

◆磨损的轮胎

因此，花纹过深过浅都不好。为了确保花纹作用的有效性，世界各国都对轮胎花纹磨损极限制定了明确的法规。

讲解——增大或减小摩擦力的方法

增大摩擦力：

1. 在压力不变时，增大摩擦面粗糙程度。
2. 在摩擦面粗糙程度不变时，增大压力。
3. 变滚动摩擦为滑动摩擦。
4. 变湿摩擦为干摩擦。

减小摩擦力：

1. 在摩擦面粗糙程度不变时，减小压力。
2. 压力不变时，减小摩擦面粗糙程度。
3. 变滑动摩擦为滚动摩擦。
4. 变干摩擦为湿摩擦。

1. 为什么说汽车的动力来自于轮胎的摩擦？
2. 轮胎的花纹有多少种型式？
3. 各类车该装什么花纹型式的轮胎？

全身上下的眼睛
——车灯

夜晚，城市里灯火通明，这样的景象离不开移动光源，那就是汽车车灯。看看汽车，全身上下到处有各式各样的“眼睛”。前面的，后面的，还有侧面的。如果想要知道一辆车上到底有多少车灯，还真得好好数一会儿，千万不要因为太多而数错。那么汽车上这么多车灯，它们都是怎么发光的，它们之间会有什么不同，怎么来区分它们，它们都有什么作用呢？让我们带着这样的问题来探索这些奇妙的车灯。

前车灯

前车灯在整辆车的前部，一般有两个，一左一右，成轴对称。它主要起照明作用，前灯发出的光可以照亮车前方的情况，使驾驶者可以在黑夜里安全地行车。前车灯一般有许多种类：卤素前大灯、氙气灯、雾灯、LED灯、日间行车灯以及每部车都配备的转向灯。

小知识

由于卤素灯泡需要在较高的温度下工作，普通玻璃外壳在此温度下会熔化并产生流动。由于具有极低的热膨胀系数，所以熔凝石英玻璃代替普通玻璃被应用在了卤素灯泡中，由于普通玻璃可以隔断紫外光，但石英玻璃不能，所以卤素灯泡会发射出紫外光波段的不可见光。

卤素前大灯

卤素灯其实就是一类特殊的白炽灯，其原理就是当电阻上有电流通过时会发热，温度足够高时发出波长在可见光频段的黑体辐射。卤素灯一般有两种：碘钨灯和溴钨灯，其原理是一样的。可以用碘钨灯制造功率很大的白炽灯，例如1000瓦。如果不加卤素，普通白炽灯要达到这么大功率，寿命将会很短，难以实用。卤素灯已广泛应用于汽车照明领域。

◆卤素前车灯

氙气灯

HID是High Intensity Discharge Lamp高压气体放电灯的英文缩写，可称为重金属灯或氙气灯。它的原理是在UV－cut抗紫外线水晶石英玻璃管内，以多种化学气体充填，其中大部分为氙气等惰性气体与卤化物，然后再透过增压器将车上12伏特的直流电压瞬间增压至23000伏特的电流，经过高压震幅激发石英管内的氙气电子游离，在两电极之间产生光源，这就是所谓的气体放电。而由氙气所产生的白色超强电弧光，可提高光线色温值，类似白昼的太阳光芒。HID工作时所需的电流量仅为3.5安培，亮度是传统卤素灯泡的3倍，使用寿命比传统卤素灯泡长10倍。氙气灯也已广泛应用于汽车照明领域。

小知识

氙气是惰性气体中原子序数较大的元素（也就是较重的元素），原子半径较大。在弧光放电中，电子与气体发生碰撞损失的能量同气体的原子量成反比，所以与其他惰性气体相比氙气弧光放电时损失较小，发光效率高。由于氙原子结构的特点，长弧氙灯发出的光谱和日光非常接近，所以汽车灯里冲入氙气比冲入其它的气体效果好，这也是氙气灯的最大特点。

雾灯

装于汽车前部比前照灯稍低的位置，用于雨雾天气行车时照明道路。因为雾天能见度低，驾驶员视线受到限制。灯光可增大运行距离，特别是黄色防雾灯的光穿透力强，它可提高驾驶员与周围交通参与者的能见度，使来车和行人在较远处发现对方。

红色和黄色是穿透力最强的颜色，但红色代表“禁止通行”，所以选用黄色，汽车的黄色防雾灯可以穿透很厚的浓雾射到很远的地方。

LED灯

Light—Emitting Diode，简称LED，中文名称叫发光二极管。LED灯带则是指把LED组装在带状的FPC（柔性线路板）或PCB硬板上，因其产品形状像一条带子一样而得名。

日间行车灯

日间行车灯应在车辆发动机启动后自动开启。天黑后，司机需手动开启常规照明车灯，而日间行车灯随之自动熄灭。日间行车灯可让其他“道路使用者”更容易看清汽车，而且与现行近光车头灯相比能耗更低。日间行车灯只配备在少数汽车上，成为高级车的象征。

后车灯

后车灯在整辆车的后部，由两部分组成，一左一右，成轴对称。后车

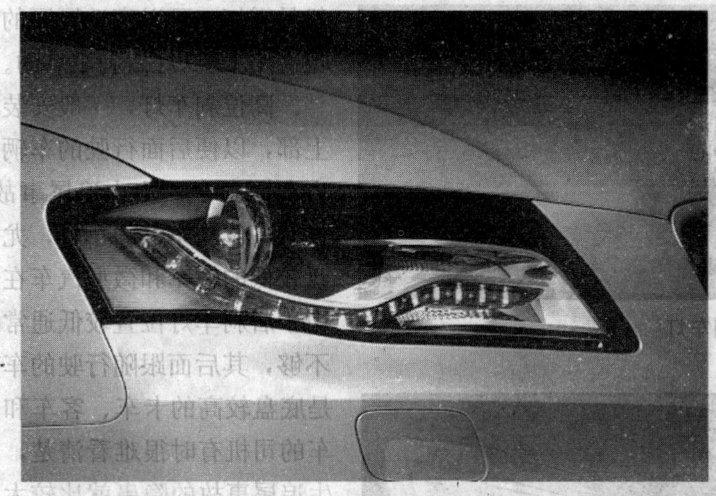
◆欧盟决定于2011年起推行一项汽车车灯新标准，要求新上市的车辆配备日间行车灯。欧盟专家认为，这项新标准不仅有助于减少交通事故，而且有利于节能。

灯主要是用来提示车辆后方的人（包括行人与驾驶者），后车灯一般有四部分组成：刹车灯、转向灯、倒车灯以及反光条。

车牌照明灯

车牌照明灯暗藏在前后两个车牌的上方或左右方。它主要是照明车牌，使人们在黑夜中辨别车辆。当前灯启动时，车牌照明灯自动随之启动。

刹车灯

左右刹车灯是后车灯的重要组成部分，一左一右分布在两边的后车灯里。它是红色的，红色有警示的意思。刹车一踩灯就亮（包括手刹）。刹车灯是提示后面车辆自己的车要减慢速度或停车，后面的车就可以提前准备。现在的刹车灯一

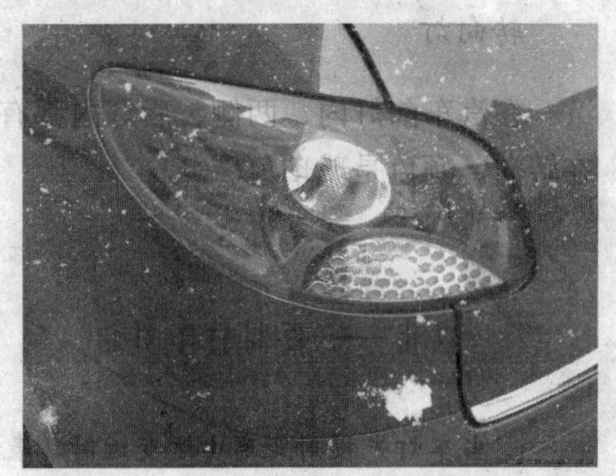
◆左刹车灯

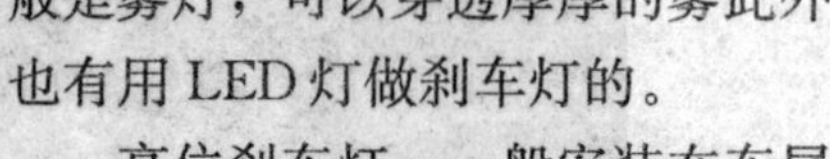

般是雾灯，可以穿透厚厚的雾此外也有用LED灯做刹车灯的。

◆高位刹车灯

高位刹车灯，一般安装在车尾上部，以便后面行驶的车辆发现前方车辆刹车，防止追尾事故发生。没有高位刹车灯的车辆，尤其是底盘较低的轿车和微型汽车在刹车时由于后刹车灯位置较低通常亮度也不够，其后面跟随行驶的车辆特别是底盘较高的卡车、客车和公共汽车的司机有时很难看清楚，因此发生追尾事故的隐患就比较大。大量研究调查结果证明，高位刹车灯能够有效地防止和减少汽车追尾事故的发生，因此，高位刹车灯在许多发达国家得到了广泛的应用。

◆琥珀色转向灯

倒车灯

倒车灯在驾驶者挂上倒档时自动开启的，它是透明的，主要是起提示作用和黑夜里的照明作用。

转向灯

在汽车前灯内、两侧、后灯内都有转向灯，闪烁告知别人你的汽车正在转向。颜色是琥珀色。

点击——夜间行车灯语

1. 当车灯光投射距离由远变近时，表示汽车驶近或驶入上坡道。
2. 当车灯光投射距离由近变远时，表示汽车已在下坡道或由陡坡进入缓坡。

3. 当车灯光离开路面时，表示前面出现急弯或车辆已驶至坡顶。

4. 当车灯光由路中移向路侧时，表示前方出现一般性弯道。

5. 当车灯光从道路的一侧移到另一侧时，表示前方为连续转弯道。

6. 当对向车射出光线较短时，表明来车将接近坡道；当对向车射出的光线与路基脱离时，表示来车已接近坡顶。

7. 当前车尾灯灯光或亮或暗时，表明前车在远处；当前车尾灯灯光较为明亮时，表明前车在近处。

8. 当前车尾灯左右间距较大时，表明前车为大型车；当前车尾灯左右间距较小时，表明前车为小型车。

1. 一般汽车上常见的车灯有哪几种？
2. 卤素灯的名字是怎么得来的？
3. 氙气灯的优点是什么？

无处不在的眼睛
——车镜

◆古老的镜子

大家对镜子并不陌生，它是一种表面光滑，具反射光线能力的物品。我们通常可以通过镜子看到自己，最常见的镜子是平面镜，常被人们用来整理仪容。公元前3000多年就有镜子了，具有这么久历史的物品在我们生活中还是很少有什么能与之匹敌的。镜子分平面镜和曲面镜两类，曲面镜又有凹面镜、凸面镜之分，汽车中的后视镜就是用曲面镜做成的。下面就让我们来认识一下汽车上的镜子，畅游在镜子的世界中！

车镜的点点滴滴

◆车外后视镜

汽车上我们常见的镜子首当其冲的就是汽车后视镜，它是机动车辆车身重要的安全组件之一，用于汽车在倒车过程中观察后方路况以及驾驶人员在驾驶车辆过程中观察车辆周身情况。车厢内一般安装防眩目倒车镜，它由一面特殊的镜子和两个光敏二极管及电子控制器组成，电子控制器接收光敏二极管送来的前射光和后射光信号。如果灯光照射在车内倒车镜上，且后面灯光大于前面灯光，电子控制器将输出一个电压到导电层上。导电层上的这个电

压改变镜面电化层颜色，电压越高，电化层颜色越深，此时即使再强的光照射到倒车镜上，经车内防眩目倒车镜反射到驾驶员眼睛上则显示为并不耀眼的暗光。

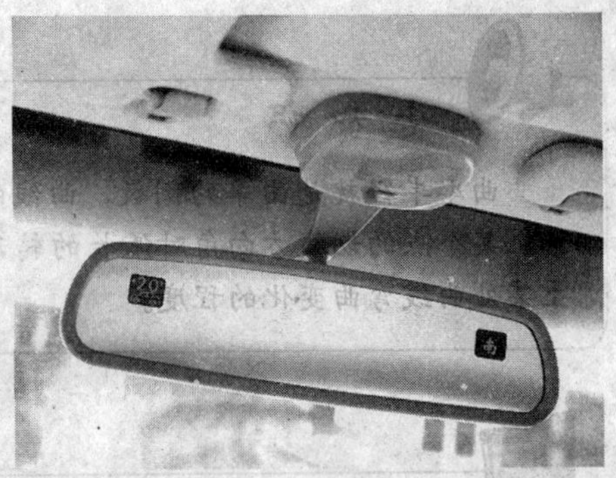

◆车内后视镜

后视镜有一个视界的问题，也就是镜面所能够反映到的范围。业界有视界三要素的说法。根据行业规定：轿车外后视镜的安装位置不得超出汽车最外则 250 毫米，所以原车配的后视镜会有盲区。同时后视镜也有一个反射指标，而行业规定铝镜反射率不能低于 80%，铬镜反射率不能低于 45%，国际规定蓝镜反射率不能低于 60%。由于反射率越高镜面反映的图像越清晰，反射率的高低还与镜内表面反射膜材料有关。目前国内的车用后视镜反射膜一般用银和铝为材料，也有部分用铬为材料。

◆防眩目大视野蓝镜

目前国外的车用后视镜，已用铬镜取代了银镜和铝镜。虽然银和铝的反射率比较高，但高反射率在一些场合会有副作用，例如夜间行车在后方汽车的前大灯照射下，或白天在太阳升起和落山的时候，经后视镜反射会使驾驶者产生眩目感，影响行车安全。铬镜虽然也能解决眩目问题，但它的反射率较低，所以在夜间灯光较小的道路上视觉会稍暗，特别是车窗上帖上深色的太阳膜，看起来会更加模糊。因此德国人发明了蓝镜，蓝镜是在玻璃基材上精密涂布上二氧化钛与二氧化硅，由精确的仪器控制各膜层厚度，经多层电镀而成。一般较高波长的可见光容易产生眩光，蓝镜反射能对此光线产生干涉，转化为蓝光，而蓝光则是人类眼睛最能适应的光线，所以目前蓝镜多应用在欧洲的高级车种上作为后视镜。

小知识

曲率半径就是曲率的倒数，曲线的曲率。平面曲线的曲率就是针对曲线上某个点的切线方向角对弧长的转动率，曲率半径主要是用来描述曲线上某处曲线弯曲变化的程度。

科技文件夹

二氧化钛与二氧化硅

二氧化钛是世界上最白的东西，又称钛白。是调制白油漆的最好颜料。钞票纸和美术品用纸就要加二氧化钛。此外，为了使塑料的颜色变浅，使人造丝光泽柔和，有时也要添加二氧化钛。

二氧化硅化学性质很稳定。不溶于水也不跟水反应。它是酸性氧化物，不跟一般酸反应。在大多数微电子工艺中都能见到它的身影。当二氧化硅结晶完美时就是水晶；二氧化硅胶化脱水后就是玛瑙，它们都是很贵重的物品。

链接——光的干涉

◆托马斯·杨

光的干涉：两列或几列光波在空间相遇时相互叠加，在某些区域始终加强，在另一些区域则始终削弱，形成稳定的强弱分布的现象。干涉现象是波动独有的特征，如果光真的是一种波，就必然会观察到光的干涉现象。1801年，英国物理学家托马斯·杨（1773～1829年）在实验室里成功地观察到了光的干涉。两列光波的频率相同、位相差恒定、振动方向一致的相干光源才能产生光的干涉，由两个普通独立光源发出的光，不可能具有相同的频率，更不可能存在固定的相差，因而不能产生干涉现象。

数数“镜子”

我们有必要在这里认识一下光学世界的两大勇士，凸面镜和凹面镜，它们在我们生活中扮演了极其重要的角色。

凸面镜

用球面的外侧作反射面的球面镜叫做凸面镜。凸面镜的成像在我们生活中比比皆是。镜面的中心点称为镜的顶点；球面的球心称为镜面中心；连结顶点与镜面中心的点划线称为凸面镜的主轴；跟主轴平行的近轴光线射到球面上，反射光线会聚于主轴上一点，这一点称为焦点；焦点到顶点的距离叫焦距。

◆公路上的广角镜

平行光线投射到凸面镜上，反射的光线将成为散开光线，如果顺着反射光线的相反方向延伸到凸面镜镜面的后面，可会聚并相交于一点，这一点就是凸面镜的主焦点，属虚性焦点。凸面镜成像的主要特点有：从物体的某一点作一与主轴平行的直线为入射光线，入射光线到达球面镜镜面时，发生反射，反射后的方向发生改变的直线为反射光线，此反射光线必然通过主焦点；从物体的同一点通过镜面的曲率中心的连线为副轴，此副轴与上述通过主焦点的反射光线发生相交的点，即为该物体成像之处。

◆街头哈哈镜

凸面镜应用较为广泛，可用于转弯镜、广角镜等，最为常见的就是倒车镜与哈哈镜。倒车镜利用了对光发散的原理，可以扩大视野，从而更好地注意到后方车辆的情况。

实验——还原凸面镜的像

从凸面镜中看到的物体总是变了形的。被凸面镜歪曲了的像，还可以用凸面镜把它还原。现在就来做一个这样的实验：

在纸上画一个小房子，把它放在汤匙前。从汤匙中看到的小房子走了样，高起的房屋向外歪扭着。在另一张纸上尽可能准确地把那个歪扭的房子画下来。

这时候，你再把新画的图放在汤匙凸面的前方，向里面望去就会发现歪曲的房子又被矫正过来了，和第一张画是一样的。如果还有些变形，可以前后动你的“凸面镜”，最后可以找到一个合适的位置使凸面镜内的像形状正常。

◆凹面镜前奇异的景象

凹面镜

平行光照射在凹面的抛物面镜时，通过其反射而聚在镜面前的焦点上；当光源在焦点上，所发出的光反射后形成平行光束。我们也叫它凹镜、会聚镜。

面镜（包括凸面镜）不是使光线透过，而是将光线反射回去成像的仪器，光线遵守反射定律。

拓展思考

1. 防眩目后视镜与普通的后视镜有什么区别？
2. 生活中凸、凹面镜有什么应用？
3. 简要描述反射定律。

天狗吞月——“减速玻璃”

在现实生活中或在因特网上，都会遇到有人说起“减速玻璃”。那么什么是减速玻璃呢？玻璃真的可以减速吗？减速玻璃是什么神奇的东西呢？又一种高科技吗？看来这个世界真的是太奇妙了！

◆高档车的挡风玻璃都是“减速玻璃”

其实“减速玻璃”是根本不存在的，既然不存在，为什么会给玻璃取这么一个唬人的名字呢？那是因为几十年前，有些汽车司机在开卡车和小汽车时会有不同的速度感，自己不懂科学，无法解释，于是乎想当然地认为是洋鬼子（当时中国不能生产小汽车）在前挡风玻璃上应用了什么高科技，产生了“减速”的效果，于是就有了“减速玻璃”一说，大家以讹传讹，--直流传至今。

挡风玻璃的秘密

汽车刚刚发明时，“不用马拉的客车”数量还很少，并且以相当慢的速度运行。当它们出现在大街上的时候，还没有安装挡风玻璃。为了防御恶劣的天气、昆虫以及其他道路上的碎片，司机和乘客一般都使用护风镜。可以想象一下，在高速行进的车里没有挡风玻璃会是什么景象。当机动车辆变得更加普遍而且速度提高以后，风和小碎片打在驾驶者的脸上变成了一个日益严重的问题。为了减少这种麻烦，挡风玻璃应运而生了。

现在，汽车玻璃是汽车车身附件中必不可少的，主要起到防护作用。

◆挡风玻璃

目前汽车玻璃以夹层钢化玻璃和夹层区域钢化玻璃为主，能承受较强的冲击力。夹层玻璃是指用一种透明可粘合性塑料膜贴在两层或三层玻璃之间，将塑料的强韧性和玻璃的坚硬性结合在一起，增加了玻璃的抗破碎能力。钢化玻璃是指将普通玻璃淬火使内部组织形成一定的内应力，从而使玻璃的强度得到加强，在受到冲击破碎时，玻璃会分裂成带钝边的小碎块，不易对乘员造成伤害。而区域钢化玻璃是钢化玻璃的一种新品种，它经过特殊处理，能够在受到冲击破裂时，其玻璃的裂纹仍可以保持一定的清晰度，保证驾驶者的视野区域不受影响。

你知道吗？

钢化玻璃其实是一种预应力玻璃，为提高玻璃的强度，通常使用化学或物理的方法，在玻璃表面形成压应力，玻璃承受外力时首先抵消表层应力，从而提高了承载能力，增强玻璃自身抗风压性，寒暑性，冲击性等。

小知识

物体由于外因（受力、湿度变化等）而变形时，在物体内各部分之间产生相互作用的内力，以抵抗这种外因的作用，并力图使物体从变形后的位置回复到变形前的位置。在所考察的截面某一点单位面积上的内力称为应力。同截面垂直的称为正应力或法向应力。

“减速玻璃”

“减速玻璃”是一个错误的概念，根本就不存在所谓的“减速玻璃”。

其实汽车前挡风玻璃应该叫“车用安全玻璃”，它实际上是一种夹层玻璃，是由两层钢化玻璃中间夹一层PVB胶片制成，这种玻璃受外力损坏时，玻璃碎片仍然粘在胶片上，而不会飞出给车上乘员造成二次伤害。高质量的前挡风玻璃具有良好的光学性能，透光率好，没有光畸变，能非常真实地反映外面的景物形态与运转状态，视觉非常清晰，跟没有玻璃的视觉效果一样，加上夹层技术还具有一定的隔热、柔和光线的效果，使人感觉更舒服。既然没有减速玻璃，那么为什么开不同的车会有不同的速度感呢？其实这是我们的视觉误差造成的。

视觉误差

人们判断运动知觉的变量不是线速度，而是角速度。一个点状物以相同速度运动，若其运动方向恰好与眼睛视线平行，此时的视角为0°（当然，人有两只眼睛，不可能与两只眼睛都为0°，实际上只能是接近0°），即角速度为0，所以你几乎感觉不到它在运动；而当运动方向与眼睛视线垂直时，角速度就最大，就能感觉到很快的运动速度；另外，角速度的大小还与距离相关，距离越远，角速度显然越小，距离越近，角速度越大。由此可见，在不同的位置（不同的角度、不同的距离）观看运动速度相同的物体，会有截然不同的速度感！这就是视觉误差。

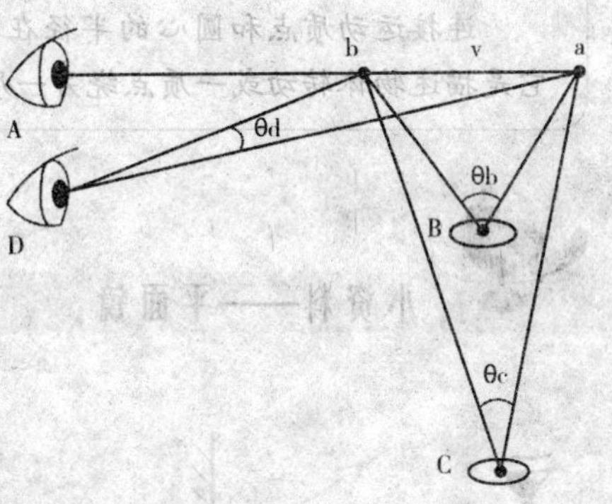

◆减速玻璃光学原理

开不同的车会有不同的视野，也会产生不同的速度感。比如小汽车与公交车，由于公交车都是平头，前挡风玻璃几乎是垂直的，人的座位又高，驾驶员可以看到离车头很近的路面，自然就感觉快（如果在车地板上开一个洞，让你垂直地看下去，你更会大吃一惊！）。而小汽车就不一样了，小汽车不仅有较长的车头，为了美观和减小风阻，前挡风玻璃都是倾斜安装的，而且斜度还较大，座位就比较靠后，这样人离车头的距离就远了；同时小汽车的座位又很低，这样你的视线就只能以比较平的角度看车头前的路面了，你所能看到的路面与你所坐的位置有了很大的一段水平距离（也就是说车头前方还有一段较长路面被车头挡住看不到），感觉就慢得多了！这就是“减速”的主要原因！

越是高档的车，车头部分就越长、前挡风玻璃的倾斜度也越大，驾驶员离车头的距离就越远，这种“减速”效果就越明显。月亮绕地球运动的速度不慢吧（平均公转速度 1.023 千米/秒），可我们为什么几乎感觉不到呢？是什么让它“减速”了？就是因为距离太远（视角太小），让我们的眼睛无法分辨，从而产生了“慢”的错觉！

小 知 识

连接运动质点和圆心的半径在单位时间内转过的弧度叫做“角速度”。它是描述物体转动或一质点绕另一质点转动的快慢和转动方向的物理量。

小资料——平面镜

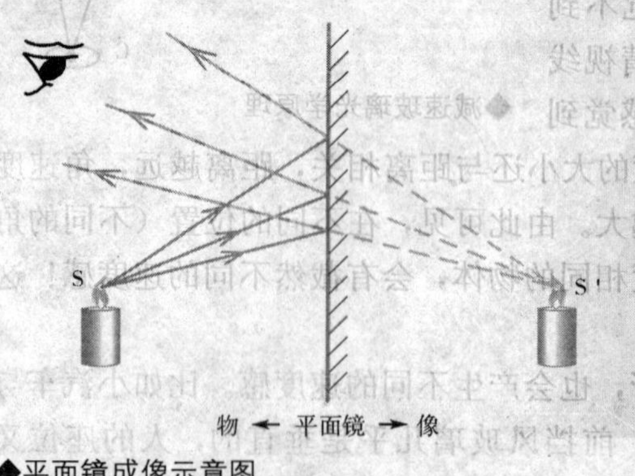

◆平面镜成像示意图

反射面是光滑平面的镜子叫平面镜。平面镜能改变光的传播路线，但不能改变光束性质，即入射光分别是平行光束、汇聚光束、发散光束等光束时，反射后仍分别是平行光束、汇聚光束、发散光束。在实验中，我们常用玻璃板来代替平面镜。

物体在平面镜里成的是虚像（平面镜所成的像没有实际光线通过像点，因此称作虚像）；像距与物距大小相等，它们的连线跟镜面垂直，它们到镜面的距离相等，上下相同，左右相反。

总之，竖直安装挡风玻璃，不利于汽车的夜间行驶。将挡风玻璃倾斜安装，使各种反射光不致反射到司机的视野里，从而大大提高了晚间行车的安全性。

◆宇通客车

所有汽车的车灯离地面的高度大致相同，而大汽车车身较高，驾驶员和前挡风玻璃也相对较高，即使挡风玻璃做成竖直的，经大汽车前挡风玻璃反射的灯光也不会反射到对方司机眼中而是在司机前上方。车灯发远光时是近乎平行于地面的平行光，偏离平行地面角度越大，光的强度越弱。

再者，由于大汽车后车窗的构造和车前挡风玻璃的高度较高，因此后面车上的灯光一般不会通过本车竖直安装的挡风玻璃形成明亮的虚像同时反映到司机的视野里。车内人、物相对较高，因此车内人、物在前挡风玻璃形成的虚像成在司机前方，但比路上行人（或者景物）高，不会给司机的辨认造成麻烦。因此，我们常看到小汽车的前挡风玻璃是倾斜安装的，而大汽车就不一定了。

小贴士——玻璃的分类

◆钢化玻璃

1. 钢化玻璃。它是普通平板玻璃经过再加工处理而成的一种预应力玻璃。

2. 磨砂玻璃。它也是在普通平板玻璃上面再磨砂加工而成。

3. 喷砂玻璃。性能上基本与磨砂玻璃相似，不同的是改磨砂为喷砂。

4. 压花玻璃。是采用压延方法制造的一种平板玻璃。

5. 夹丝玻璃。是采用压延方法，将金属丝或金属网嵌于玻璃板内制成的一种具有抗冲击平板玻璃，受撞击时只会形成辐射状裂纹而不致于堕下伤人。

6. 中空玻璃。多采用胶接法将两块玻璃保

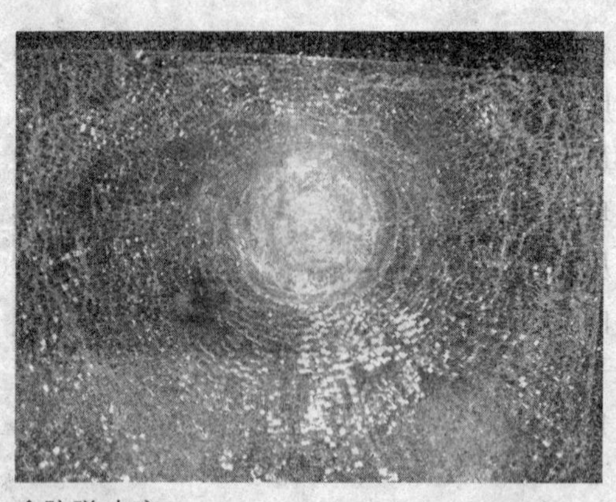
◆防弹玻璃

持一定间隔，间隔中是干燥的空气，周边再用密封材料密封而成，主要用于有隔音要求的装修工程之中。

7. 夹层玻璃。夹层玻璃一般由两片普通平板玻璃（也可以是钢化玻璃或其他特殊玻璃）和玻璃之间的有机胶合层构成。

8. 防弹玻璃。实际上就是夹层玻璃的一种，只是构成的玻璃多采用强度较高的钢化玻璃，而且夹层的数量也相对较多。多用于银行或者豪宅等对安全要求非常高的装修工程之中。

9. 热弯玻璃。由优质平板玻璃加热软化在模具中成型，再经退火制成的曲面玻璃。

10. 玻璃砖。玻璃砖的制作工艺基本和平板玻璃一样，不同的是成型方法。

11. 玻璃纸。也称玻璃膜，具有多种颜色和花色。

1. 为什么会把挡风玻璃称做是减速玻璃？
2. 为什么小汽车的挡风玻璃是倾斜的？
3. 试举出身边包含平面镜成像物理知识的现象。

各式各样的尾巴——汽车尾翼

越来越多的轿车，在其尾部行李箱盖外端都装有一块像是倒装的尾翼，使原本就拥有华丽迷人外观的轿车又平添了许多妩媚和生气。很多人都以为这新颖美丽的汽车尾翼是厂家为了好看才给轿车安装的装饰件，其实它的主要作用是可以有效地减少轿车在高速行驶时的空气阻力和节省燃料。让我们来好好认识下汽车尾翼吧！

◆夸张的汽车尾翼

汽车尾翼能省力

汽车尾翼是指汽车行李箱盖上，后端所装形似鸭尾的突出物。国外一些人根据它的形状形象地称它为“雪橇板”，国内也有人称它为“鸭尾”或“定风翼”。比较科学的叫法应为“扰流器”、“扰流翼”或“扰流板”。多见于运动型轿车和跑车上。现在市面上也有一些普通车加装了这个“尾翼”扰流板。其实扰流板的作用主要是为了减少车辆尾部的升力，如果车尾的升力比车头的升力大，就容易导致车辆过度转向、后轮抓地力减小以及高速稳定性变差。

◆轿车尾翼改装

汽车尾翼使轿车平添许多妩媚与生气，因此许多人也都以为这美丽的尾翼是厂家为了好看才给轿车安装的装饰件，其实它的主要作用是可以有效地减少汽车在高速行驶时的空气阻力和节省燃料。

汽车尾翼的设计原理是参考了飞机尾翼的，在过去很长的一段时间内，此设计一直被广泛用于赛车上，后来才被移植于普通汽车上。

资料显示，根据空气动力学原理分析，我们知道汽车在行驶过程中会遇到空气阻力，这种阻力可分为纵向、侧向和垂直上升 3 个方面的作用力，并且空气阻力与车速平方成正比，所以车速越快，空气阻力就越大。一般情况，当车速超过 60 千米/小时时，空气阻力对汽车的影响表现得就非常明显了。为了有效地减少并克服汽车高速行驶时空气阻力的影响，人们设计使用了汽车尾翼，使空气对汽车产生第四种作用力，即对地面的附着力。它能抵消一部分升力，控制汽车上浮，减小风阻影响，使汽车能紧贴着道路行驶，从而提高行驶的稳定性。我们关注 F1 赛事会发现，F1 赛车的前后都安装有定风翼，它们为车体提供了近 60%的下压力，从而保证了高速下轮胎具有足够的抓地力来保持车身的稳定性。

除了提高行驶的稳定性之外，加装尾翼对于节省燃油也有一定帮助。在一般道路上行驶，耗油量减少或许不明显，如果在高速公路上以 120 千米/小时以上的时速行驶，此时汽车尾翼的作用就很明显了。但是一般来说不建议小排量的汽车加装尾翼，因为尾翼主要是用来增加车身的稳定性的，对于大排量车来说很重要，但小排量的车安装夸张的尾翼反而会影响

◆车后激起尘土

车速。

知识库

如果按材质来分，目前市场上的尾翼主要有三种：一是以原厂生产的玻璃钢材质的尾翼，相对比较贴合车身的线条。二是铝合金的尾翼，给人感觉比较夸张，但导流效果不错，而且价格适中，不过重量要比其他材质的尾翼稍重些。三是碳纤维尾翼，最好的尾翼材质还要算是碳纤维的尾翼，它是高刚性和高耐久性的完美结合，并广泛被 F1 赛车采用，不仅重量轻而且也是最美观的一种尾翼。

汽车尾翼能省油除尘

除了轿车之外，在一些旅行轿车的车顶后部也安装有小型尾翼，这些尾翼使车顶上的一部分气流被引导流过后车窗表面，这样既可使车辆后部的升力降低，也可利用气流将后车窗表面浮尘清除，避免灰尘附着影响汽车后视野。

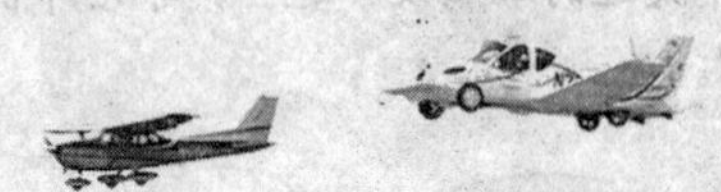

◆装上翼会飞的汽车

好多人认为尾翼越大越好。安装尾翼除了美观作用外，更大的作用是高速行驶的时候为爱车提供必要的稳定性。由于大多数轿车以城市道路行驶为主，车辆根本达不到尾翼能够发挥作用的时速，体积越大，低速阻力就越大，再加上很多车主安装的是铝合金尾翼，车身整体重量的增加，也势必导致油耗的上升。因此这样做是得不偿失的。

讲解——为什么行驶中的汽车后面能卷起尘土？

汽车行驶过后会卷起尘土，这与一个物理学原理有关。1726 年，瑞士科学

家伯努利经过观察试验发现，“在同一流线上，流体的速度增大时，其压力则减小。”这就是常讲的“伯努利效应”。

和汽车驶过卷起尘土一样，地铁广播会一遍遍地播放“请站到黄线外面”，这不是只说给孩子听的，因为列车开来时所产生的“伯努利效应”连大人都不能保证控制自己不掉下去。

列车高速前进时，也带动着它周围的空气向前运动，人们站在铁道边，身前的空气是高速流动的，身后的空气却是静止不动的，根据“伯努利原理”，静止空气的压力大大超过高速流动空气的压力。所以如果离轨道很近人们就会被身后空气的压力推倒，倒向飞驰的列车。所以警戒线的目的不是怕人被列车撞到，而是怕火车或地铁快速经过时，会把离车太近的人“吸”过去，非死即伤，所以人要站在黄线之外，“不得越雷池一步”。

1. 汽车尾翼都有什么作用？
2. 试举出我们身边有关伯努利原理的例子。
3. 通过上面的阅读，自己设计一个汽车尾翼。

促膝谈车

——从"安全"说起

汽车已经成为我们生活中不可缺少的工具了，翻开报纸，打开电视，随处可以看到某某地方发生一起车祸，触目惊心的一幕又一幕；环境污染日益严重，我们的地球已经千疮百孔。汽车污染越来越受到人们的重视。汽车给我们带来便利的同时又给我们带来了灾难，汽车安全也逐渐被人们所认识。

我们在使用汽车的同时该怎么保护自己，保护我们的环境呢？我们该怎么利用好人类的这一重大发明？这一系列的问题都摆在我们面前。我们有必要去认识汽车，去了解汽车，去改良汽车，这样才是珍惜我们自己，珍惜我们的生存环境，珍惜这个世界！

行驶中的“楞次定律”
——汽车中的惯性

汽车在行驶中，如遇到危险情况，驾驶员踩刹车减速或停车就可以避免交通事故。但是，遇到紧急或突然情况，如行人或骑车人在车辆临近时横穿马路，尽管驾驶员采取紧急刹车的措施，也难免发生撞车、撞人的事故。这是为什么呢？大家在乘坐汽车的过程中都会有一种感受，汽车启动时人会向后倾，汽车刹车时人会向前倾，汽车在转弯时人会向左或者向右倾，为什么会这样呢？那就让我们来认识一个与我们生活息息相关的现象——惯性现象。

了解惯性

惯性就是物体保持原来运动状态的一种作用，不论这种运动状态是静止还是平动，或是转动。一切物体都具有惯性。就上面的例子我们知道驾驶员从发现危险到采取紧急刹车到汽车完全停止，需要两个过程，即“制动停车过程”和“制动停车距离”。这就如同你在奔跑中突然停下来，还受惯性的作用，不由自主地向前冲一样。汽车行驶速度越快，惯性就越大，制动停车距离越长。因此，汽车不是只要一刹车就能停止的。一切物体在不受外力作用时，总保持匀速直线运动状态或静止状态，这就是著名的牛顿第一定律。也叫做惯性定律。描述物体惯性的物理量是它们的质量。物体质量越大，惯性越大，反之亦然。

你知道吗?

汽车以每小时40千米的速度行驶行进时，从司机发现情况急刹车到制动有效，车会向前继续行驶18.82米远才能停住。而在雨、雪天气，由于路面较滑，会向前继续行驶达24米。

惯性历史沿革

惯性原理最早是伽利略在1632年出版的《关于托勒密和哥白尼两大世界体系的对话》一书中发表的，它是作为捍卫“日心说”的基本论点而提出来的。

根据亚里士多德的物理学，保持物体匀速运动的是力的持久作用。但是伽利略的实验结果证明物体在引力的持久影响下并不作匀速运动，而是每过一定时间之后，在速度上就有所增加。物体在任何一点上都继续保有其速度并且被引力加剧。如果引力被截断，物体将仍旧以它在那一点上所获得的速度继续运动下去。伽利略从金属球在斜面滚动的实验中观察到，金属球从斜面上滚下后，又以匀速继续滚过一片光滑的平桌面。从以上这些观察结果得到了惯性原理。这个原理阐明物体只要不受到外力的作用，就会保持其原来的静止状态或匀速运动状态不变。伽利略的惯性原理是近代科学的起点，它摧毁了反对哥白尼的所谓缺乏地球运动的直接证据的借口。

◆伽利略正在表演斜面实验

而被现代社会所普遍认知的惯性原理，来自于牛顿的《自然哲学的数学原理》，牛顿给出的定义如下：所有物体都将一直处于静止或者匀速直线运动状态，直到出现施加于其上的力改变它的运动状态为止。

牛顿的惯性原理是经典物理学的基础之一，对惯性原理的理解也随着现代物理学的发展而出现了改变。

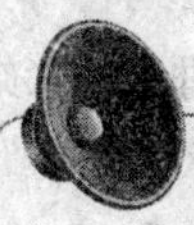

名人介绍

牛顿

艾萨克·牛顿是英国伟大的数学家、物理学家、天文学家和自然哲学家，其研究领域包括了物理学、数学、天文学、神学、自然哲学和炼金术。牛顿的主要贡献有发明微积分，发现万有引力定律和经典力学，设计并实际制造第一架反射式望远镜等等，为人类历史上最伟大，最有影响力的科学家之一。为了纪念牛顿在经典力学方面的杰出成就，“牛顿”后来成为衡量力的大小的物理单位

惯性的拓展

动动手——自制惯性实验器

图中底座a用直径5～7厘米圆形（或方形）三合板（木片）制成，支柱b高6厘米左右，直径约为1厘米，用去皮匀直棉秸杆或圆木棒做成，c为半球形小槽，用包装中成药丸的半块塑料外壳做成，直径约为2.5厘米，也可用塑料瓶盖。用小钉将a、c与b连成一体。d是3厘米×4厘米金属片，由切开展平的易拉罐剪取，在一端打小孔拴线e与支柱相连，金属片需磨光毛边，注意圆角，以便于操作。重物f选用杏核、小桃核、牙膏盖、粉笔头、小石子均可；比用钢球既经济易得，又便于操作。惯性实验器g为弹簧片，将它固定在支柱上可以缩小它的长度、宽度，便于取材与操作。可

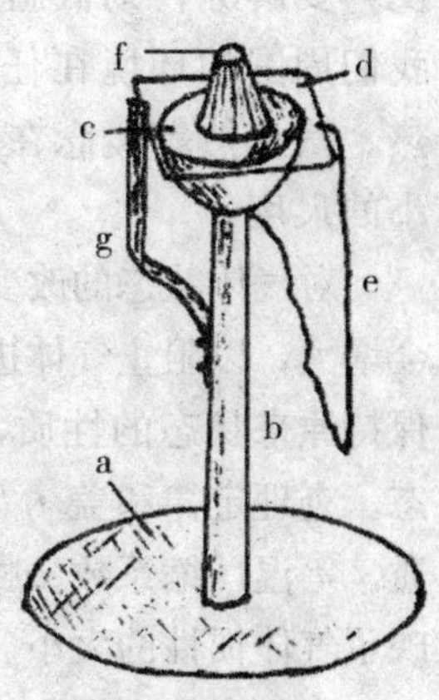

◆惯性实验器

由旧闹钟的发条、玩具发条，废钢卷尺中的内簧和尺身截取，每片只需长 5～6 厘米，宽约 0.15 厘米就行。把弹簧片弯成 S 形，下端用圆尖水泥钉打两个小孔，用小圆钉固定在支柱上。使弹簧片上端距小圆槽边沿 1cm 左右，高出圆槽上平面 0.5～1 厘米。拨动弹簧片，小金属片飞出，重物落在圆槽内。

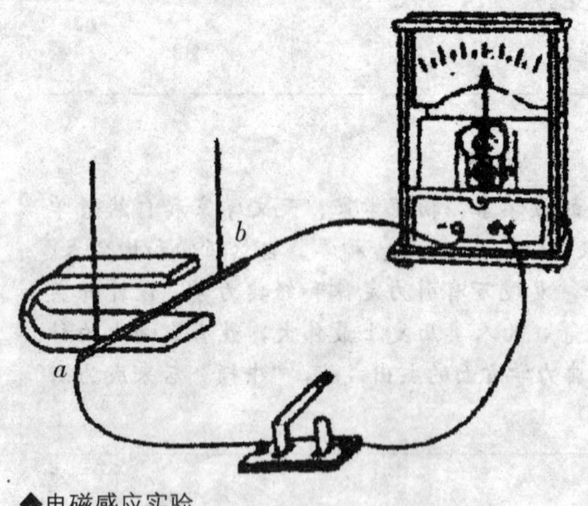

◆电磁感应实验

除力学外，电磁学、热学、光学、原子物理学等领域也能找到惯性的影子。

电磁感应现象中感应电动势（或感应电流）的产生过程就体现了惯性：当穿过闭合线圈中的磁通量要增加时，由楞次定律可知，感应电流为顺时针，即感应电流的磁场总是阻碍电路中的磁通量的变化，若穿过回路的磁通量增大则感应电流产生的磁场阻碍磁通量的增大，即线圈本身有保持原来磁通量大小的性质。

“冰冻三尺，非一日之寒”是热学中的惯性现象的写照。水在外界环境温度降低过程中要不断地向外放热，去抵抗环境温度的降低，相反，要解冻，则低温的水不断吸热，以阻止环境温度的上升。就是说，我们周围的环境在任何情况下总有保持原来温度的性质。溶解热、比热、汽化热等概念在某种意义上也是衡量各种物质在热现象中惯性大小的尺度。

对气体状态的改变过程，如等温压缩过程中，气体体积减少，压强就会增大，以阻止气体进一步被压缩，即气体在状态变化过程中，也体现出保持原来状态的性质，如果气体不受外界影响，它将始终保持原有的状态。查理定律和盖·吕萨克定律同样反映了气体总有保持原来状态的性质。等温压缩系数、膨胀系数、压强系数这些概念也分别在某种意义上反映了气体惯性的大小。

在原子物理学中，天然放射现象中半衰期的概念很能说明放射性元素

的惯性，半衰期可以量度其惯性的大小。半衰期长，则该种元素的平均寿命长，即惯性也大。

上面所说的是物理学中的“惯性”。其实，惯性现象在化学，生物学领域也有体现。

化学中，化学平衡理论其实就是化学反应里的惯性原理，当温度升高时，平衡向吸热方向移动，因为只有这样才能阻碍温度的升高；压强增大时，平衡向分子数减少的方向移动，阻止压强的增大，而减压情况正好相反；减少产物浓度时，平衡向正方向移动，以阻碍产物浓度的减少。

生物学中生态系统的自我调节能力也反映了大自然的惯性。系统中某一因素的涨落，会导致系统中其他因素的变化，使整个系统经过一定阶段的调整后又恢复为新的平衡，只要外界的影响不超过生态系统的最大承受能力，平衡将永远进行下去。生物学中细胞的分裂，DNA 复制，遗传特性等，从一定侧面上也反映了生物世界中的惯性。

总之，自然现象中，惯性是一种普遍现象，推广到社会现象也能找到惯性的踪迹，如人的生活习惯一旦形成就很难改变；深厚的历史文化对人的影响，也不是一朝一夕就能让人改变的；当社会发生重大改革时，总是困难重重，如果不大刀阔斧则很难见效。社会现象中的惯性，有待于我们进一步的研究。

开心驿站

一辆奔驰的公交车上坐满了乘客，其中几位是“站客”。由于有人横穿马路，司机紧急刹车，一位小伙子猛地向前倒去，碰上了前面的一位女士。女士一脸不高兴，白了男青年一眼说：“瞧你那德性。”男青年红了脸忙赔不是：“对不起，不是德性是惯性！”一句话竟把女士和其他乘客给逗乐了。

想一想议一议

下面谚语中都包含了什么科学道理？

1. 小小称砣压千斤
2. 破镜不能重圆
3. 摘不着的是镜中月，捞不着的是水中花
4. 人心齐，泰山移
5. 真金不怕火来炼，真理不怕争辩
6. 月晕而风，础润而雨
7. 长啸一声，山鸣谷应
8. 但闻其声，不见其人
9. 水火不相容
10. 墙内开花墙外香

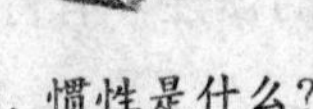

拓展思考

1. 惯性是什么？
2. 试着设计理想斜面实验，怎么能出现我们想要的现象？
3. 除文中提到的惯性知识，还能否再想出其他？

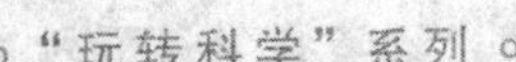

生命的护身符
——安全带

还记得我第一次在汽车上看到安全带的情景，在座椅的两侧分别有不同的装置，由于没有人使用，心里很好奇，长长的带子和一个小盒子。直到有一天好奇地问了司机才明白，原来那装置叫安全带。可是有了它怎么就可以安全了呢？为什么好多人经常都不用呢？还是有好多疑问放在心里，那就让我们带着这些问题开始我们的安全之旅吧！

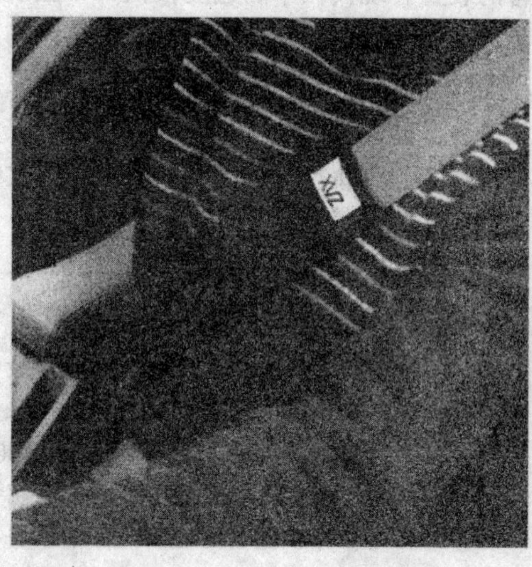

认识安全带

座椅安全带诞生于 1885 年。那时不是用在汽车上，而是装在马车的座位处，而最初的汽车安全带是瑞典人发明的，自 20 世纪 40 年代别克轿车将安全带作为标准配置后，美国将安装和使用安全带确定为强制性的联邦法规，由此开始了

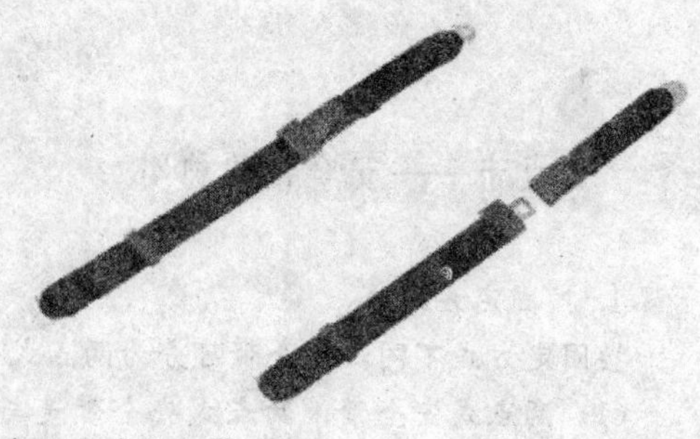

◆两点式安全带

安全带的大规模普及。当时的安全带仅仅是简单的两点式腰部约束，其约束的松紧程度完全由驾驶者自己调节。而它在汽车上的普遍使用则是从1968年开始的。经过40多年的发展，安全带逐渐走向成熟，现在的安全带均由强度极大的合成纤维制成，带有自锁功能的卷收器，采用对驾、乘人员的肩部和腰部同时实现约束的三点式设计。汽车安全带就是在汽车上用于保证乘客以及驾驶员在车身受到猛烈打击时防止被安全气囊弹出时伤害的装置。现代汽车的速度很快，一旦发生碰撞，车身停止运动，而乘客身体由于惯性会继续向前运动，在车内与车身撞击，严重时可能把挡风玻璃撞碎而向前飞出窗外。为防止撞车时发生类似的伤害，公安部门要求小型的客车驾驶员和前排的乘客必须使用安全带，以便发生交通事故时，安全带对人起到缓冲的作用，防止出现二次伤害。

趣 谈 笑 说

一辆黑色轿车因没在机动车道行驶被值勤交警拦下。当交警检查他的驾驶证时，意外地发现驾驶证上夹着一张卡片状的镀金佛像。交警有些好奇，便问是何物。驾驶人得意洋洋地称其为“护身符”。他说，有了这张“护身符”，在外边打工及驾乘车辆等就能平安无事，所以他开车也从不系安全带。交警听后郑重地告知他，不系安全带是一项交通违法行为，存在交通安全隐患，而他所谓的“护身符”只是精神寄托，不会真正保佑驾驶人的交通安全，只有遵守交通法规才能保障行车安全。最后，交警对其进行了相应的处罚。

点击——安全带的种类

1. 按固定方式分

按固定方式不同，安全带可分为两点式、三点式、四点式等。

(1) 两点式安全带。两点式安全带是与车体或座椅仅有两个固定点的安全带。这种安全带又可分为腰带（或膝带）和户带式两种。

(2) 三点式安全带。三点式安全带是在两点式安全带的基础上增加了肩带，在靠近肩部的车体上有一个固定点，可同时防止乘员躯体前移和上半身前倾，增强了乘员的安全性，是目前使用最普遍的一种安全带。

(3) 四点式安全带。它是在两点式安全带上连接两根肩带而构成的形式，一般用于赛车上。

2. 按智能化程度分

按智能化程度来分，安全带分为被动式安全带与自动式安全带。

(1) 被动式安全带需要乘员的操作才能起作用，即需要乘员自行佩戴。目前大部分汽车所装配的都是被动式安全带。

(2) 自动式安全带是一种自动约束驾驶员或乘客的安全带，即在汽车起动时，不需驾驶员或乘客操作就能自动提供保护，而且乘客上下车时也不需要任何操纵动作。自动安全带有全自动式安全带和半自动式安全带两种。

◆三点式安全带

安全带的作用过程

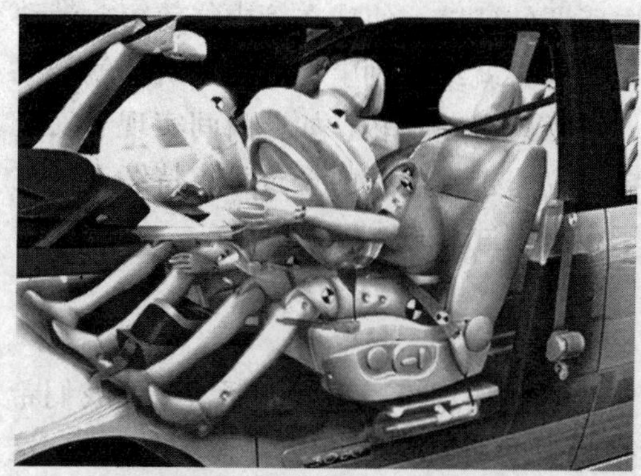

◆安全带的作用

理想的安全带作用过程是：首先，及时收紧，在事故发生的第一时刻毫不犹豫地把人“按”在座椅上。然后，适度放松，待冲击力峰值过去，或人已能受到气囊的保护时，即适当放松安全带。避免因拉力过大而使人肋骨受伤。最先进的安全带都带有预收紧装置和拉力限制器，让我们来看看这两者的功能原理。

安全带预收紧装置

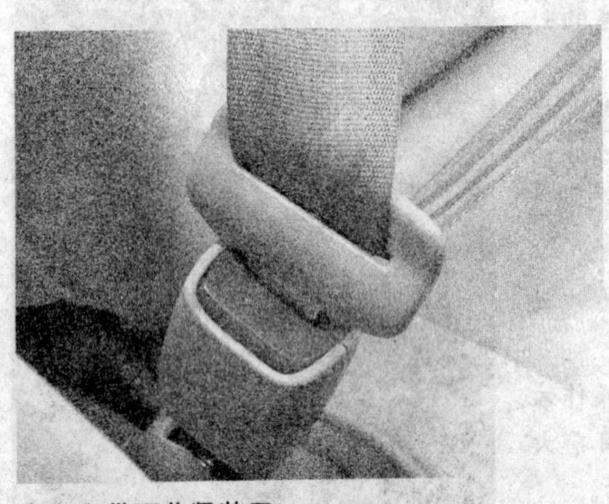
◆安全带预收紧装置

当事故发生时，人向前，座椅往后，此时如果安全带过松，则后果很可能是：乘员从安全带下面滑出去；或者，人已碰到了气囊，而此时安全带由于张紧余量过大而未能及时绷紧，即未能像希望的那样先吃掉一部分冲力，而是将全部负担都交给了气囊。这两种情况都有可能导致乘员严重受伤。但问题是，正确系好的安全带，其松动余地来自何方？一是由于乘员的衣服本身有一定的厚度，另外在安全带装置中也多少隐藏了部分松动余地，这种余地无法消除，但真遇到事故时，还是应该尽量消除。为此，出现了这种安全带预收紧装置，它负责提供瞬间绷紧的安全带。其作用过程是：首先由一个探头负责收集撞车信息，然后释放出电脉冲，该脉冲传递到气体发生器上，引爆气体。爆炸产生的气体在管道内迅速膨胀，压向所谓的球链，使球在管内往前窜，带动棘爪盘转。棘爪盘跟轴连为一体，安全带就绕在轴上。简单地讲，就是气体压力使球动，球带动棘爪盘转，棘爪盘带动轴转，如此瞬间实现了安全带的预收紧功能。从感知事故到完成安全带预收紧的全过程仅持续千分之几秒。管道末端是一截空腔，用于容留滚过来的球。

安全带拉力限制器

事故发生后，安全带在预收紧装置的作用下，已经绷紧了。但我们希望在受力峰值过去后，安全带的张紧力度马上降低，以减小乘员受力，这份特殊任务就由安全带拉力限制器来完成：在安全带装置上，有一个如前所述的预收紧装置，底下卷绕着安全带，轴芯里边是一根钢质扭转棒。当负荷达到预定情况时，扭转棒即开始扭曲，这样就在一定程度上放松了安全带，实现了安全带的拉力限制功能。

在安全带预收紧装置和安全带拉力限制器的共同作用下，安全带的保护能力几乎达到了理想状态。所谓于细微处见精神，先进的安全带确实能给乘员提供可以信赖的安全保护。

请系好安全带

在这里我们要介绍一个安全带提醒装置 SBR。SBR 是当驾驶员和前排乘员没有使用安全带时的，提醒系统。该系统由探测未系安全带的传感器和两级提醒驾驶员的信号（第一级是视觉信号，第二级是视觉和听觉信号）所组成。

◆传感器呈 U 形嵌入在座垫上

对于车祸事故中的乘员，如能正确地使用安全带是最有效的保护措施，这一结论已得到大家的公认。调查表明，大多数不系安全带的乘员在受到适当的提醒时是可以系上安全带的。安全带提醒装置就是用于提醒这些乘员使用安全带。

安全带提醒装置传感元件材料是一种螺旋缠绕的聚偏二氟乙烯（PVDF）高分子薄膜材料，该材料在机械拉伸或者压缩时就在两端产生电荷。

通过对压力信号进行快速傅立叶变换，将信号变换到频域，将曲线低频段特征和高频段特征两者加以比较，就能得到该座椅当前使用状态。座椅使用情况可以被分类为空的、无生命物体或者包裹、人体三类。传感器呈U形嵌入在座垫上。

拓展思考

1. 安全带的发展过程告诉了我们什么？
2. 安全带有几种分类？
3. 系好汽车安全带的要领有哪些？

囊括你的生命
——安全气囊

长期以来，可靠的安全带一直是汽车中唯一的被动保护装置。尽管当时人们对于安全带的安全性存有争议，尤其是儿童使用时。但随着时光流转，许多国家和地区最终颁布了强制使用安全带的法规。统计数据表明，安全带的使用挽救了成千上万原本可能在撞车事故中罹难的生命。

◆安全气囊配置

安全气囊的开发由来已久。在紧急降落时使用软枕垫进行缓冲的想法一定很有吸引力——第一项用于飞机的可充气式紧急降落设备的专利早在第二次世界大战时就已经提出申请！在20世纪80年代，汽车中首次出现了商用安全气囊……

安全气囊的概述

安全气囊是汽车被动安全装置中一项技术含量很高的产品，它的保护效果已经被人们普遍认识。有关安全气囊的第一个专利始于1958年，1970年就有厂家开始研制可以减轻碰撞事故中乘员伤害程度的安全气囊；20世纪80年代，汽车生产厂家开始逐渐装用安全气囊；进入90年代，安全气囊的装用量急剧上升；而进入21世纪以后，汽车上普遍都装有安全气囊。

汽车安全气囊系统（简称SRS）是辅助安全系统，它通常是作为安全带的辅助安全装置出现的。安全带与安全气囊是配套使用，没有安全带，安全气囊的安全效果将要大打折扣。

当发生碰撞事故时，安全带将乘员“约束”在座椅上，使乘员的身体不至于撞到方向盘、仪表板和风窗玻璃上，避免乘员发生二次碰撞；同时避免乘员在车辆发生翻滚等危险情况下被抛离座位。安全气囊的保护原理是：当汽车遭受一定碰撞力以后，气囊系统就会引发某种类似小剂量炸药爆炸的化学反应，隐藏在车内的安全气囊就在瞬间充气弹出，在乘员的身体与车内设备碰撞之前起到铺垫作用，减轻身体所受冲击力，从而达到减轻乘员伤害的效果。

科技文件夹

智能安全气囊

智能安全气囊就是在普通型的基础上增加传感器，以探测出座椅上的乘员是儿童还是成年人，他们系好的安全带以及所处的位置是怎样的高度，通过采集这些数据，由电子计算机软件分析和处理控制安全气囊的膨胀，使其发挥最佳作用，避免安全气囊出现无必要的膨胀，从而极大地提高其安全作用。

小知识

据调查，单独使用安全气囊可使事故死亡率降低18%左右，单独使用安全带可使事故死亡率下降42%左右，而当安全气囊与安全带配合使用时可使事故死亡率降低47%左右。

广角镜——安全气囊的结构原理

现代安全气囊系统由碰撞传感器、缓冲气囊、气体发生器及控制装置（电脑）等组成。

1. 碰撞传感器。安全气囊系统中的重要部件，其功能是检测、判断汽车发生碰撞后的撞击信号，以便决定是否展开缓冲气囊。

2. 缓冲气囊。气囊一般由防裂性能好的聚酞胺织物制成，它是一种半硬的泡沫塑料，能承受较大的压力；经过硫化处理，可减少气囊冲气膨胀时的惯性力；为使气体密封，气囊里面涂有涂层材料。气囊的大小、形状、气密性能是确定安全气囊保护效果的重要因素，必须根据不同汽车的实际情况来确定。

3. 气体发生器。安全气囊系统要求气体发生器能够在较短的时间内（30毫秒左右）产生大量的气体充满气囊，产生的气体必须对人体无害，且不能温度太高，同时要求气体发生器有很高的可靠性和稳定性。

4. 控制装置。一般集成在微计算机中。当汽车发生碰撞事故时，电控装置接收多个传感器传来的车身不同位置的减速信号，经过反复不断的分析、比较、计算，决定是否发出点火信号。要求控制装置能够在复杂的碰撞情况下作出非常准确的判断，点火时刻也必须精确控制。

安全气囊的化学原理

汽车的安全气囊内有叠氮酸钠或硝酸铵等物质。当汽车在高速行驶中受到猛烈撞击时，这些物质会迅速发生分解反应，产生大量气体，充满气囊。

新型安全气囊加入了可分级充气或释放压力的装置，以防止一次突然点爆产生的巨大压力对人头部产生的伤害，特别在乘客未佩戴安全带的时候，可导致生命危险。

万花筒

对驾驶员进行保护的气囊，装在方向盘内，防止驾驶员与转向盘、仪表板及前挡风玻璃发生碰撞；

对前排乘员进行保护的气囊，装在仪表板内，防止乘员与仪表板、前挡风玻璃发生碰撞；

对后排乘员进行保护的气囊，一般安装在前排座椅的靠背上后部或头枕内部，防止乘员与前排座椅发生碰撞。

知识库——安全气囊使用过程中存在的缺陷

安全气囊作为提高汽车安全性的有效措施之一越来越受到人们的重视。在一些实际的碰撞事故中证明安全气囊确实具有降低乘员伤亡的功效，但也发现了其存在的一些问题：

1. 气囊可能在很低的车速时打开。汽车在很低车速行驶而发生碰撞事故时，乘员和驾驶员系上安全带即可，完全不需要安全气囊展开起保护作用。如果这时展开气囊反而会造成不必要的浪费，甚至还可能因安全气囊的展开加重碰撞伤害。

2. 气囊的启动会对乘员造成伤害。安全气囊系统启动时将冲开气囊盖板，并且在瞬间展开充气，很可能对乘员造成冲击；产生的灼热气体也会灼伤乘员和驾驶员。

3. 当乘客偏离座位或座位上无人或儿童乘坐时，气囊系统的启动不仅起不到应有的保护作用，还可能会对乘员造成一定的伤害。

安全气囊的改进和应用

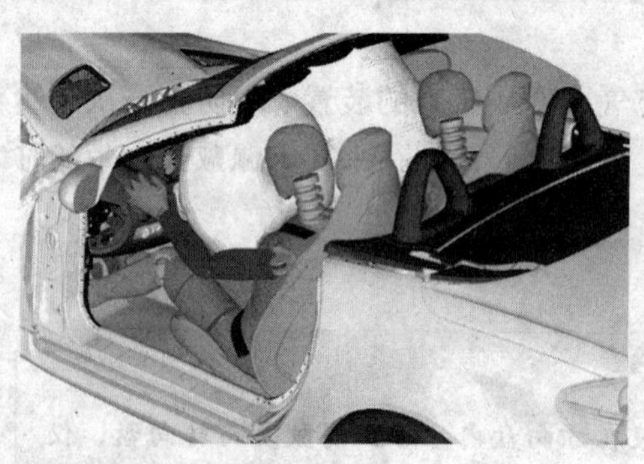
◆安全气囊工作模拟图

对安全气囊控制系统的要求是准确判断事故的碰撞强度，控制气囊的展开与否。针对安全气囊在使用中的缺陷，必须进一步提高控制系统灵活性、准确性，为此我们可以采用智能式控制系统。

安全气囊系统中重要部件的功能是检测、判断汽车发生碰撞后的撞击信号，以便决定是否展开缓冲气囊。主要应用惯性原理，利用传感器中元件的惯性力克服弹簧力来触发气体发生器。

气囊一般由防裂性能好的聚酞胺织物制成，它是一种半硬的泡沫塑料，能承受较大的压力；经过硫化处理，可减少气囊冲气膨胀时的惯性力；为使气体密封，气囊里面涂有涂层材料。气囊的大小、形状、漏气性能是确定安全气囊保护效果的重要因素，必须根据不同汽车的实际情况来确定。

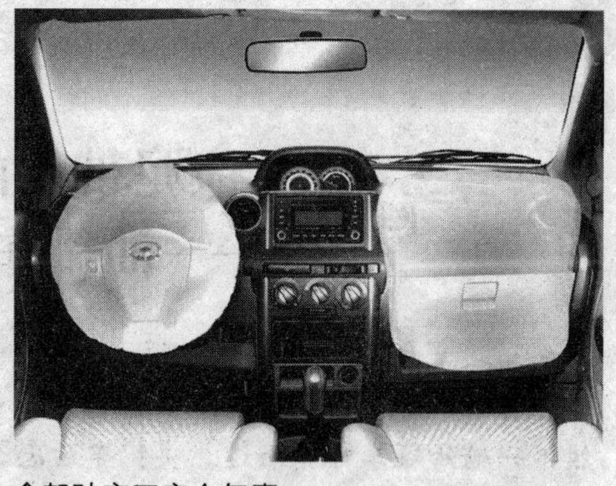

◆驾驶室双安全气囊

针对气囊未能对不同的乘员做出相应的保护，我们可在乘员座位上安装一个乘员探测系统，对车座上是否有人，乘员的体型大小，以及就座时偏离正中情况进行探测。相当于专门安装一个传感器，探测乘员乘坐的信息，并传递给中央电脑控制中心。如果发生碰撞的话，控制中心在对各种传感器传过来的信息进行判断的同时综合考虑乘员探测系统探测所得的乘员乘坐信息。这样的话，安全气囊系统就可以针对驾驶员和乘员的乘坐情况适时适量展开气囊，避免人员伤亡。

1. 安全气囊和安全带有什么关系吗？
2. 试写出安全气囊内气体反应的化学方程式。
3. 安全气囊有什么需要改进的？

拖泥带水的辫子
——油罐车的铁链

有一位小朋友在作文中这样写到：星期天早上，我和爸爸去逛街。忽然，一辆油罐车呼啸而过。咦！车后怎么还拖着一条“尾巴”呢？我仔细一看，原来是一条铁链。铁链和地面摩擦，不时溅出火花。奇怪，怎么会这样呢？难道司机叔叔不怕油罐车起火吗？我真想拦住油罐车，告诉司机叔叔这样真危险。我跟爸爸说了自己的想法，没想到他笑了，我真有些糊涂……那么小朋友为什么说自己糊涂了呢？小朋友的爸爸为什么要笑他呢？

油罐车的铁链

油罐车：又称流动加油车、电脑税控加油车、油槽车、装油车、运油车、拉油车、石油运输车、食用油运输车，主要用作石油的衍生品（汽油、柴油、原油、润滑油及煤焦油等油品）的运输和储藏。根据不同的用途和使用环境，油罐车有多种加油或运油功能，具有吸油、泵油，多种油分装、分放等功能。

你知道吗?

石油衍生品可分为：石油燃料、石油溶剂与化工原料、润滑剂、石蜡、石油沥青、石油焦等6类。其中，各种燃料产量最大，约占总产量的90%；各种润滑剂品种最多，产量约占5%。各国都制定了产品标准，以适应生产和使用的需要。

油罐车为什么要在尾部拖着一条铁链?

首先是因为汽车在路上行驶时，会和空气发生摩擦而产生静电。而静电在车身上积累到一定程度时会由于人员接触车身或者其他东西碰触车身产生放电而发出火花，从而引燃或者引爆车上的易燃易爆物品。同时油罐车的罐壁是金属的，在汽车运行中，油会与车体发生摩擦，从而积累静电。当静电积累到一定程度时，会产生放电现象，出现电火花，极易使石油衍生品发生爆炸。而车胎是橡胶的，无法将车体的静电导入地下，所以用一根铁链拖在地上，意在将静电导入地下，保障安全！

◆安全行驶的油罐车

◆铁链拖地疏导电荷

电中鬼魅——静电

在干燥和多风的秋天，我们常常会碰到这种现象：晚上脱衣服睡觉时，黑暗中常听到噼啪的声响，而且伴有蓝光；见面握手时，手指刚一接触到对方，会突然感到指尖针刺般刺痛，令人大惊失色；早上起来

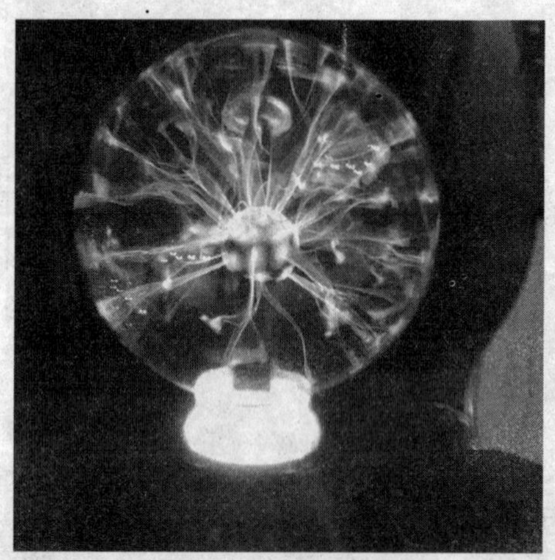
◆静电球

◆原子内部结构

梳头时，头发会经常“飘”起来，越理越乱；拉门把手、开水龙头时都会“触电”，时常发出“啪、啪”的声响，这就是发生在人体的静电放电现象。

物质都是由分子构成，分子是由原子构成，原子中由带负电荷的电子和带正电荷的质子构成。在正常状况下，一个原子的质子数与电子数数量相等，正负电荷平衡，所以对外表现为不带电。但是电子环绕于原子核周围，一经外力脱离轨道，离开原来的原子核，该原子因失去电子而带有正电，称为阳离子；另一个原子因得到电子而呈带负电，称为阴离子。

在日常生活中，任何两种不同材质的物体接触后再分离，即可产生静电。两物体间因发生了电子转移而分别带上正电荷与负电荷。若在分离的过程中电荷难以中和，电中性的平衡被打破，电荷就会积累使物体带上静电。

小故事

法拉第曾经冒着被电击的危险，做了一个闻名于世的实验——法拉第笼实验。法拉第把自己关在金属笼内，当笼外发生强大的静电放电时，他并未受到任何影响，并且验电器也无任何显示。

静电杀手——静电屏蔽

如果将导体放在电场强度为E的外加电场中，导体内的自由电子在电场力的作用下，会逆电场方向运动。这样，导体的负电荷分布在一边，正电荷分布在另一边，这就是静电感应现象。

物理学中将导体中没有电荷移动的状态叫做静电平衡。处于静电平衡状态的导体，内部电场强度处处为零。由此可推知，处于静电平衡状态的导体，电荷只分布在导体的外表面上。如果这个导体是中空的，当它达到静电平衡时，内部也将没有电场。这样，导体的外壳就会对它的内部起到“保护”作用，使它的内部不受外部电场的影响，这种现象称为静电屏蔽。

为了避免外界电场对仪器设备的影响，或者为了避免电器设备的电场对外界的影响，用一个空腔导体把外电场遮住，使其内部不受影响，也不使电器设备对外界产生影响。

万 花 筒

静电利用

静电除尘：可以消除烟气中的煤尘。静电复印：可以迅速、方便的把图书、资料、文件复印下来。

高压静电还能对白酒生产、酸醋和酱油的陈化有促进作用。陈化后的白酒、酸醋和酱油的品味会更纯正。

防静电产品：专业生产防静电产品和电子辅助产品的系列有：离子风机、离子风枪、离子风棒、离子风嘴、静电除尘机、板面除尘机等。

1. 为什么油罐车要装铁链?
2. 举出你亲身体验到的静电现象。
3. 有什么生活中的物品是利用静电屏蔽原理做的?

城市的新公害
——汽车噪声

同学们你们曾遇到过这样的事情吗？在学校上课的时候会听见外面的汽笛声；走在马路上，突然被后面发出声音的汽车吓到……这就是我们城市的新公害——汽车噪声。汽车噪声对环境产生污染，使人心情不安、烦躁、疲倦、工作效率下降；干扰语言交流和通信联络，影响人们的工作和生活；会降低人的听力，严重时可致人耳聋。

从城市到农村，汽车噪声已对人们的生活造成了严重影响，给人们生产生活带来诸多不便！那么我们该怎么保护我们的环境，保护好我们自己呢？下面就让我们来认识汽车噪声吧！

认识汽车噪声

汽车噪声，即汽车行驶在道路上时，内燃机、喇叭、轮胎等发出的大量人类不喜欢的声音。近年来，城市机动车数量增长很快，伴随而来的交通噪声污染环境的现象也日益突出。专家认为，汽车对环保最大的危害之一就是噪声污染。汽车发出的噪声已严重影响到人的身心健康了。实际上，城市中噪声排第一的就是汽车喇叭声。马路上川流不息的汽车发出的阵阵刺耳的喇叭声，无论你在办公室、教室、医院还是家里，喇叭声都不能让你的耳朵清静。所以对噪声加以控制，不仅关系到乘坐舒适性，而且还关系到环境保护。

其实一切噪声又源于振动，振动能够引起某些部件的早期疲劳损坏，从而降低汽车的使用寿命；过高的噪声既会损害驾驶员的听力，还会使驾驶员迅速疲劳，从而对汽车行驶安全性构成了极大的威胁。所以噪声控制，也关系到汽车的耐久性和安全性。因此振动、噪声和舒适性这三者是密切相关的，为了减小振动、降低噪声、提高乘坐舒适性，就要将汽车噪声控制在标准范围之内。

你知道吗？

夜间（22 时至次日 6 时）噪声不得超过 30 分贝，白天（6 时至 22 时）不得超过 40 分贝。

汽车噪声的分类和形成

汽车产生噪声的主要因素是空气动力、机械传动、电磁三部分。汽车发动机和传动系工作时产生的振动、高速行驶中汽车轮胎在地面上的滚动、车身与空气的作用，是产生汽车噪声的根本原因。

对汽车噪声的来源进行深入剖析，具体包括如下内容。

发动机噪声

发动机噪声中，除了发动机机体发出的机械声外，还包括进气系统噪声，主要包括消声器支撑架及排气管道振动辐射出的噪声，发动机振动及排气动作引起的辐射噪声，发动机噪声占汽车噪声的二分之一以上。因此发动机的减振、降噪成为汽车噪声控制的关键。

知 识 库

降噪方法大观园

一是改造发动机燃烧过程以降低燃烧爆发的冲击；

二是降低发动机各部件振动；

三是降低由活塞上下运动、曲轴转动引起的不平衡力以及降低发动机机械振动；

四是减小振动是降低风扇噪声的根本措施，使用液力耦合器或变叶片扭角的风扇，采用水温感应电动离合风扇，改变风扇叶片形状和材料，都能起到减小振动和降低噪声的目的。

底盘噪声

轮胎与路面的摩擦是构成底盘噪声的主要因素这种原因产生的噪声称为胎噪。一般的胎噪主要由三部分组成：一是轮胎花纹间隙的空气流动和轮胎四周空气扰动构成的空气噪音；二是胎体和花纹部分振动引起的轮胎振动噪音；三是路面不平造成的路面噪音。

制动噪声

制动噪声是汽车因制动而产生的噪声，主要有制动器的尖叫声、轮胎与地面的摩擦声以及车身板件的振颤声等。

电器设备噪声

电器设备噪声包括冷却风扇噪声和发电机噪声，冷却风扇是噪声的发生装置，受到护风圈、水泵、散热器及传动装置的影响，但其噪声的产生主要取决于底盘。汽车发电机噪声取决于多种来源的效应，这些来源有磁体源、机械和空气动力源。噪声级取决于发电机的磁力和通风系统的结构，以及发电机的制造和装配精度。

单位介绍

分贝

分贝是以美国发明家亚历山大·格雷厄姆·贝尔命名的，他因发明电话而闻名于世。因为贝尔这个单位太粗略而不能充分用来描述我们对声音的感觉，因此前面加了“分”字，代表十分之一。一贝尔等于十分贝。声学领域中，分贝的定义是声源功率与基准声功率比值的对数乘以10的数值。

气动噪声

气动噪声是汽车在行驶中由于其周围的风的作用而产生的噪声。主要有以下三种类型：一是风噪，就是由车身周围气流分离导致压力变化而产生的噪声；二是风漏，或叫吸出音，是由驾驶室及车身缝隙吸气而与车身周围气流相互作用产生的噪声；三是其他噪声，包括空腔共鸣、风扇噪声、导管管道噪声以及天线、刮水器、后视镜及扰流器等附件振动引起的噪声。

噪声的危害

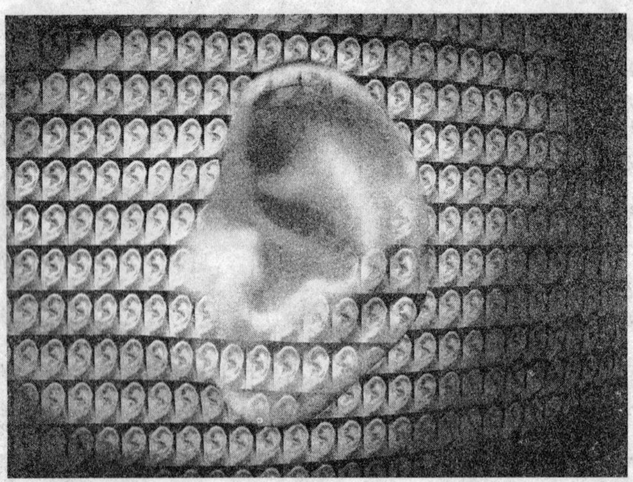

◆今天的噪声已严重影响着人类

在城市中，交通噪声约占各种声源的70%左右。长期生活在这样的噪音环境中，就会得“噪音病”。专家指出：“汽车对环保造成的最大的危害之一就是噪音污染，这一问题必须引起特殊关注。”

科学家认为，40分贝是正常的环境声音，在此以上就是有害的噪声。噪声长期干扰睡眠会造成失眠、疲劳无力、记忆力衰退，甚至导致神经衰弱等。在高噪声环境里，这种病的发病率可达60%以上。

噪声会损伤听力。人短期处于噪声环境时，在离开噪声环境后，耳朵也会发生短期的听力下降，但经过较短的时间即可恢复。一般情况下，85分贝以下的噪声不至于危害听觉，而85分贝以上则可能发生危险。统计表明，长期工作在90分贝以上的噪声环境中，耳聋发病率明显增加。

除了损伤听力以外，噪声还会引起其他人身损害。噪声可以引起心绪不宁、心情紧张、心跳加快和血压增高。噪声还会使人的唾液、胃液分泌减少，从而易患胃溃疡和十二指肠溃疡。在强噪声环境下，患高血压的人也增多。不少人认为，21世纪生活中的噪声是造成心脏病的原因之一。长期在噪声环境下工作，对神经功能也会造成障碍。实验证明，在噪声影响下，人的脑电波可发生变化。噪声可引起大脑皮层兴奋和抑制失去平衡，从而导致条件反射的异常。有的患者还会表现出顽固性头痛、神经衰弱和脑神经机能不全等。症状的表现与接触的噪声强度有很大关系。

讲解——抵抗噪音病的方法

(1) 择优选车。挑选那些性能好，噪声低的汽车。

(2) 茶疗。茶叶、人参须和京菖蒲各3克，或绿茶、槐花和菊花各3克，沸水冲泡代茶频饮，可防治由噪声而引起的听力下降及耳鸣。

(3) 益肾聪耳术。益肾聪耳术的功效是补益肾精，开窍聪耳。

(4) 噪声伤身，宁静健身。在安静舒适的环境中，闭目养神片刻，是人体的一种“健康充电”。在高度静默后，大脑会分泌出一种“快乐物质”。因此，闭目养神后，人会产生一种欣愉感，头脑也特别清醒，疲劳顿失。

1. 汽车噪声有哪些？
2. 列举你经历过的噪声。
3. 你对汽车降噪有什么看法？

城市的慢性杀手——汽车尾气

在车水马龙的街头，一股股黑色的烟气从一辆辆机动车尾部喷出，这就是通常所说的汽车尾气。这种气体排放物不仅气味怪异，而且令人头昏、恶心，影响人的身体健康。在车辆不多的情况下，大气的自净能力尚能化解汽车排出的毒素。但随着汽车数量的急剧增加，交通拥堵成了家常便饭，汽车本应具备的便捷、舒适、高效的优势逐渐被过多的车辆所抵消。“汽车灾难”已经形成，由此产生的汽车尾气更是害人不浅。研究证实，汽车尾气排放物产生的光化学污染造成了近地臭氧水平过高，增大了有害气体的浓度，致使患呼吸道疾病的人数明显增多。

◆巴士拖着“黑尾巴”

汽车尾气的危害

科学分析表明，汽车尾气中含有上百种不同的化合物，其中的污染物有固体悬浮颗粒、一氧化碳、二氧化碳、碳氢化合物、氮氧化物、铅及硫氧化物等。一辆轿车一年排出的有害废气比其自身重量大 3 倍。英国空气洁净和环境保护协会曾发表研究报告称，与交通事故遇难者相比，英国每年死于空气污染的人要多出 10 倍。现在，让我们来分析一下汽车尾气中的有害物质。

小知识

在通常状况下，一氧化碳是无色、无臭、无味、难溶于水的中性气体，熔点−199℃，沸点−191.5℃。标准状况下气体密度为1.25克/升，和空气密度（标准状况下1.293克/升）相差很小，这也是容易发生煤气中毒的因素之一。它为中性气体。

固体悬浮颗粒

固体悬浮颗粒的成分很复杂，并具有较强的吸附能力，可以吸附各种金属粉尘、强致癌物和病原微生物等。固体悬浮颗粒随呼吸进入人体肺部，以碰撞、扩散、沉积等方式滞留在呼吸道的不同部位，引起呼吸系统疾病。当悬浮颗粒积累到临界浓度时，便会激发形成恶性肿瘤。此外，悬浮颗粒物还能直接接触皮肤和眼睛，阻塞毛囊和汗腺，引起皮肤炎和眼结膜炎，甚至造成角膜损伤。

◆固体悬浮颗粒

一氧化碳

一氧化碳与血液中的血红蛋白结合的速度比氧气快250倍。一氧化碳经呼吸道进入血液循环，与血红蛋白亲合后生成碳氧血红蛋白，从而削弱血液向各组织输送氧的功能，危害中枢神经系统，造成人的感觉、反应、理解、记忆力等机能障碍，重者危害血液循环系统，导致生命危险。所以，即使是吸入微量一氧化碳，也可能给人造成可怕的缺氧性伤害。

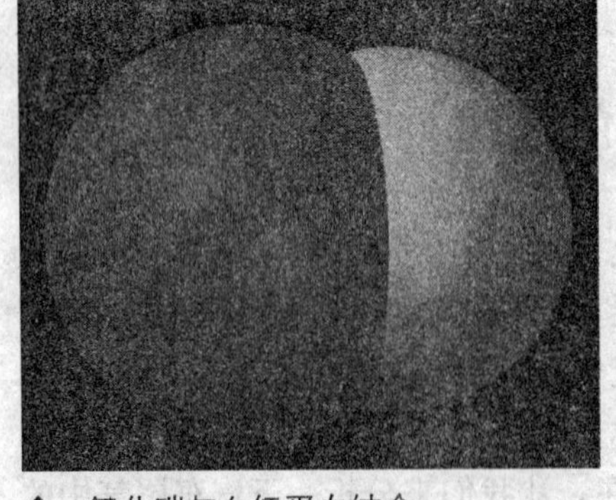

◆一氧化碳与血红蛋白结合

氮氧化物

氮氧化物主要是指一氧化氮和二氧化氮，它们都是对人体有害的气体，特别是对呼吸系统有危害。在二氧化氮浓度为9.4毫克/立方米的空气中暴露10分钟，即可造成人的呼吸系统功能失调。

点击——氮氧化物的危害

氮氧化物可刺激肺部，使人较难抵抗感冒之类的呼吸系统疾病，呼吸系统有问题的人士如哮喘病患者，会较易受二氧化氮影响。对儿童来说，氮氧化物可能会造成肺部发育受损。研究指出长期吸入氮氧化物可能会导致肺部构造改变，但目前仍未可确定导致这种后果的氮氧化物含量及吸入气体时间。

以一氧化氮和二氧化氮为主的氮氧化物是形成光化学烟雾和酸雨的一个重要原因。汽车尾气中的氮氧化物与碳氢化合物经紫外线照射发生反应形成的有毒烟雾，称为光化学烟雾。光化学烟雾具有特殊气味，刺激眼睛，伤害植物，并能使大气能见度降低。另外，氮氧化物与空气中的水反应生成的硝酸和亚硝酸是酸雨的成分。大气中的氮氧化物主要源于矿石燃料的燃烧和植物体的焚烧，以及农田土壤和动物排泄物中含氮化合物的转化。

碳氢化合物

目前还不清楚它对人体健康的直接危害。但氮氧化物和碳氢化合物在太阳紫外线的作用下，会产生一种具有刺激性的浅蓝色烟雾，其中包含有臭氧、醛类、硝酸脂类等多种复杂化合物。这种光化学烟雾对人体最突出的危害是刺激眼睛和上呼吸道黏膜，引起眼睛红肿和喉炎。1952年12月，伦敦发生光化学烟雾，4天中死亡人数较常年同期多4000人，45岁以上的死亡最多，约为平时的3倍，1岁以下的约为平时的2倍。

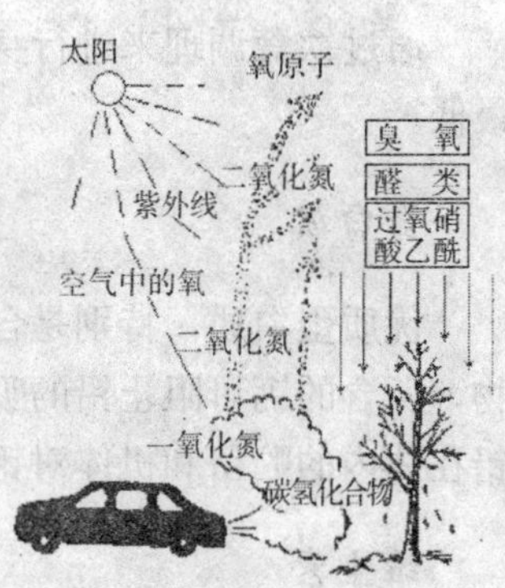

◆光化学烟雾的成因及危害示意图

铅

铅是有毒的重金属元素，汽车用油大多数掺有防爆剂四乙基铅或甲基铅，燃烧后生成的铅及其化合物均为有毒物质。城市大气中的铅 60%以上来自汽车含铅汽油的燃烧。人体中铅含量超标可引发心血管系统疾病，并影响肝、肾等重要器官的功能及神经系统。由于铅尘的密度高，通常积聚在 1 米左右高度的空气中，因此对儿童的威胁最大。

二恶英

二恶英是对人体健康有很大威胁的环境污染物，它有强烈的致癌性，而且能造成新生儿畸形，对人体的免疫功能和生殖功能造成损伤，是目前世界上已知的毒性最强的化合物之一。

如何通过饮食降低汽车尾气的危害

通过饮食调理来进行身体排毒可以将汽车尾气给我们带来的危害降到最低。

蛋白质

优质蛋白质，特别是含硫氨基酸（如半胱氨酸）可与铅结合形成不溶物，所含的钙可阻止铅的吸收。蛋白质不足可降低机体的排铅能力，增加铅在体内的贮留和机体对铅中毒的敏感性。

维生素

铅可促进维生素 C 的消耗，使维生素 C 失去生理作用，故长期接触铅可引起体内维生素 C 的缺乏。适量补充维生素 C，不仅可补足铅造成的维生素C耗损，减缓铅中毒症状，还可在肠道与铅结合成溶解度较低的抗坏血酸铅盐，降低铅的吸收，同时维生素C还直接或间接地参与解毒过程，促进铅的排出。柠檬、石榴、山楂、酸枣等都是很好的排铅水果。

你知道吗?

各种维生素的化学结构以及性质虽然不同，但它们却有着以下共同点：①维生素均以维生素原（维生素前体）的形式存在于食物中②维生素不是构成机体组织和细胞的组成成分，它也不会产生能量，它的作用主要是参与机体代谢的调节③大多数的维生素，机体不能合成或合成量不足，不能满足机体的需要，必须经常通过食物摄取④人体对维生素的需要量很小，日需要量常以毫克（mg）或微克（μg）计算，但一旦缺乏就会引发相应的维生素缺乏症，对人体健康造成损害。

矿物质和微量元素

由于铅在体内的吸收途径与钙、铁、锌可发生竞争，所以膳食中含钙、铁、锌丰富，就可以减少铅的吸收。最近科学研究还发现，有机硒和有机锗对铅也有一定的拮抗作用。含钙丰富的食物主要是奶及奶制品、虾米、豆及豆制品。含铁丰富的食物有：海带、动物肝脏、动物血、肉类、蛋类等。海产品中含锌量较高。

多糖类

果胶、海藻酸和膳食纤维等多糖类大分子物质，其糖链上丰富的游离羟基（—OH），和羧基（—COOH）可与铅络合，形成难以吸收的凝胶，有效地阻止铅在胃肠道的吸收，起到促进排铅的作用。各种叶子菜都含有丰富的细膳食纤维，能满足肠胃不好人群补充膳食纤维所需。

1. 汽车尾气中都包含什么化学元素？
2. 怎样避免一氧化碳给人带来的危害？
3. 我们应该怎么防治汽车尾气污染？

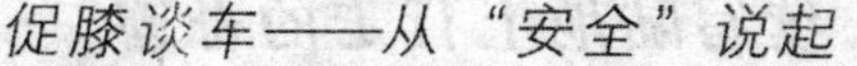

皮鞭下的抗争——消声器

在德国工程师哥特利布·戴姆勒造出世界上第一辆四轮汽车的1886年，虽然这铁定是人类文明史上标志性的日子之一，但当时那个叫做“汽车”的怪物，噪音、振动厉害，也没有车篷，乘客不仅要饱受路人的嘲笑和风吹雨淋，最难堪的还是每当汽车和马车并排行驶时，那些怕被汽车抢生意的守旧马车手，总是威风凛凛地扬起皮鞭，去抽打可怜的汽车司机。那么现在的汽车怎么就会安安静静地行驶在路上呢？原来这和谐的气氛还要归功于汽车消声器。

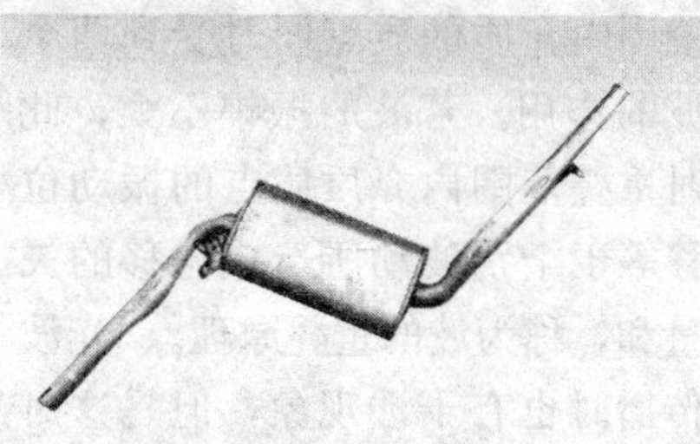

◆汽车消声器

消声器的消声原理

汽车消声器的消声原理是利用腔与管的适当组合，通过两种作用来促成消声效果的：汽车消声器是利用管道截面突变（即声抗的变化）使沿管道传播的声波向声源方向反射回去，从而使声能反射回原处；二是利用几个界面的反射，使原来第一个向前传播的声波又回到原点，并再次折回向前传播，该点与尚未被反射的第二个

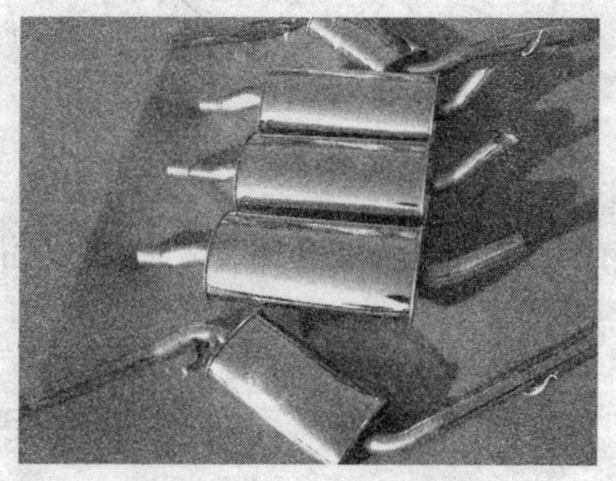

◆汽车消声器

向前传播的声波汇合，而且两者在振幅上相等，在相位上差 180 度的奇数倍，从而互相干涉而抵消。

干涉

干涉为两波重叠时组成新合成波的现象。两波在同一介质中传播，相向行进而重叠时，重叠范围内介质的质点同时受到两个波的作用。若波的振幅不大，此时重叠范围内介质质点的振动位移等于个别波动所造成位移的矢量和，称为波的重叠原理。（光波传播时也有干涉现象，但是这时没有介质中的质点受作用）

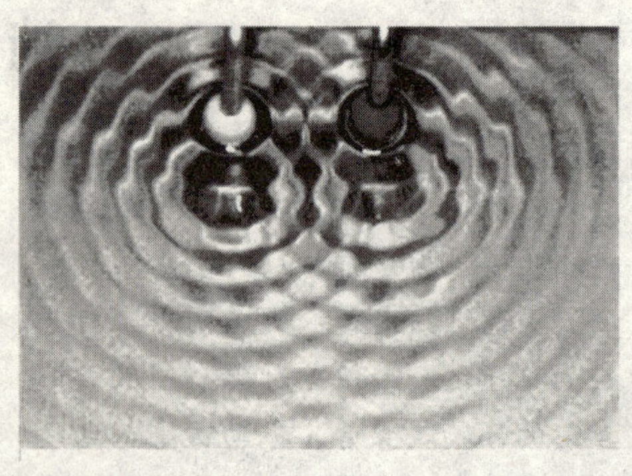

◆水波的干涉

干涉的种类

相长干涉

两波重叠时，合成波的振幅大于分波的振幅和，称为相长干涉。若两波刚好同相干涉，会产生最大的振幅，称为完全相长干涉。

相消干涉

两波重叠时，合成波的振幅小于分波的振幅和，称为相消干涉。若两波刚好反相干涉，会产生最小的振幅，称为完全相消干涉。汽车消声器就是利用波的相消干涉的原理制成的。

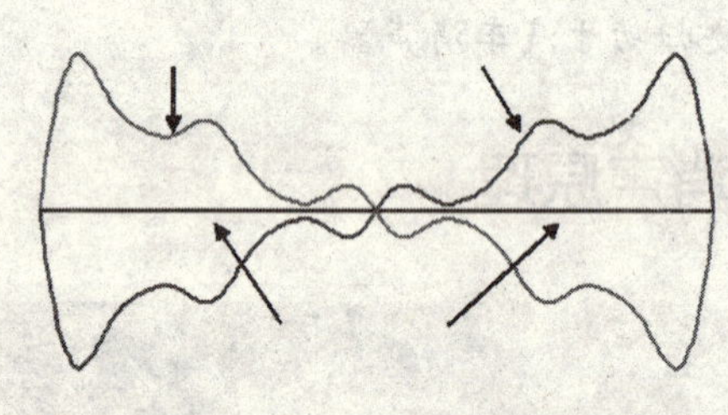

◆相消干涉

消声器的种类

消声器的种类很多，究其消声机理，可以把它们分为六种主要的类

型，即阻性消声器、抗性消声器、阻抗复合式消声器、微穿孔板消声器、小孔消声器和有源消声器。

阻性消声器

阻性消声器主要是利用多孔吸声材料来降低噪声的。把吸声材料固定在气流通道的内壁上或按照一定方式在管道中排列，就构成了阻性消声器。当声波进入阻性消声器时，一部分声能在多孔材料的孔隙中摩擦而转化成热能耗散掉，使通过消声器的声波减弱。

◆风机消声器

阻性消声器就好像电学上的纯电阻电路，吸声材料类似于电阻。因此，人们就把这种消声器称为阻性消声器。阻性消声器对中高频消声效果好，对低频消声效果较差。

抗性消声器

抗性消声器主要是由突变界面的管和室组合而成的，好像是一个声学滤波器，与电学滤波器相似，每一个带管的小室是滤波器的一个网孔，管中的空气质量相当于电学上的电感和电阻。小室中的空气体积相当于电学上的电容。与电学滤波器类似，每一个带管的小室都有自己的固有频率。当包含有各种频率成分的声波进入第一个短管时，只有在第一个网孔固有频率附近的某些频率的声波才能通过网孔到达第二个短管口，而另外一些频率的声波则不可能通过网孔。只能在小室中来回反射，选取适当的管和室进行组合。就可以滤掉某

◆各种电感器

些频率成分的噪声，从而达到消声的目的。抗性消声器适用于消除中、低频噪声。

微穿孔板消声器

微穿孔板消声器一般是用厚度小于1毫米的纯金属薄板制作，在薄板上用孔径小于1毫米的钻头穿孔，穿孔率为1%～3%。选择不同的穿孔率和板厚不同的腔深，就可以控制消声器的频谱性能，使其在需要的频率范围内获得良好的消声效果。

小孔消声器

小孔消声器的结构是一根末端封闭的直管，管壁上钻有很多小孔。小孔消声器的原理是以喷气噪声的频谱为依据的，如果保持喷口的总面积不变而用很多小喷口来代替，当气流经过小孔时，喷气噪声的频谱就会移向高频或超高频，使频谱中的可听声成分明显降低，从而减少对人的干扰和伤害。

有源消声器

有源消声器的基本原理是在原来的声场中，利用电子设备再产生一个与原来的声压大小相等、相位相反的声波，使其在一定范围内与原来的声场相抵消。这种消声器是一套仪器装置，主要由传声器、放大器、相移装置、功率放大器和扬声器等组成。

汽车消声器

汽车消声器既称抗性消声器又称声学滤波器，汽车消声器又分为共振式、扩张室式和干涉式等几种。最简单的扩张室式汽车消声器是在气流通道管上接一段截面较大的粗管，但其终端是细管，调节扩张室（大管）的截面扣长度以改变声波的反射和干涉性能，从而改变消声量和最大消声频率。它与阻性汽车消声器的不同之处在于其中没有放置吸声材料，抗性汽车消声器的优点是结构简单，耐高温耐气体侵蚀，有良好的低频消声性能。抗性汽车消声器的缺点是消声频带窄，主要用于汽车发动机及其他活

塞发动机的进气和排气口。

阻抗复合汽车消声器综合前两种优点制成。在其内部既有阻性吸声材料，又有共振腔、扩张室等抗性滤波元件，因此在较宽频率范围内有良好消声效果。

降低燃烧噪声，需改善燃烧条件，提高燃烧质量。采用合理布置火花塞和气门以及采用合适的燃烧室型式和冷却方式即可以达到最有效的燃烧。在燃油方面，汽油的辛烷值越高，点火质量及抗爆振性能越好。在保证发动机输出功率不降低的情况下，可通过改进发动机配气机构或排气机构的方法减小进、排气噪声。目前广泛采用的纸质空气滤清器和排气汽车消声器能明显有效地降低进、排气噪声。

1. 消声器的原理是什么？
2. 手枪上的消声器属于哪一类消声器？
3. 是否可以自己设计一个消声装置？

行驶的汽车在唱歌——汽车中的多普勒效应

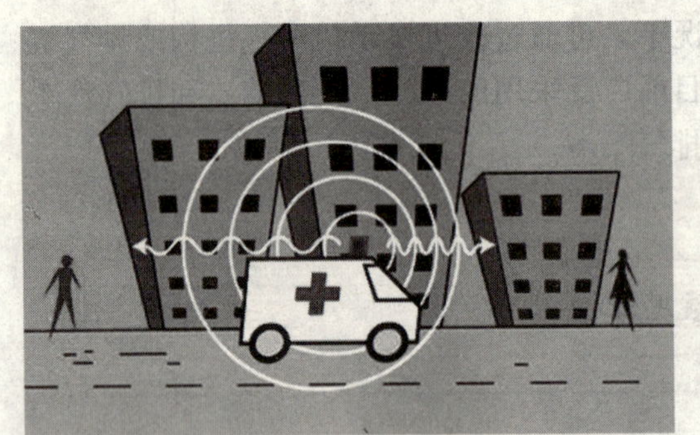

我们坐在一辆车上，当另一辆车迎面而来并呼啸而过时，我们注意到车上喇叭的音调有一个从高到低的突然变化。喜欢开快车的司机师傅，总有件烦心的事：一不小心就会收到一张罚单，原因是超速。心中总有这样的纳闷：我看都没有看到警察，他凭什么说我超速？为什么会这样呢？是我们的耳朵出了问题还是我们的眼睛出了问题？下面就让我们来认识一个物理现象——多普勒效应。

多普勒效应

你一定有这样的经验，当你站在马路旁边，即使没有去注视路面上车辆的行驶的情况，单凭耳朵的听觉判断，你就能感到一辆汽车正在驶过来，或者离你而去。这里面当然有汽车行驶的声音渐强或渐弱的原因，但细细想想，主要还是根据汽车行驶的车轮声或喇叭声的声调变化来进行判断。原来，车辆驶近时，声音要变尖，也就是说，音调要高些；开过以后，远离的时候，声音会越来越低。

为什么会这样呢？问题的关键在于汽车在怎样地运动。汽车匀速驶来，轮胎与地面摩擦产生的声波传来时“疏”、“密”、“疏”、“密”是按一定规律、一定距离排列的，可当汽车向你开来时，它把空气中声波的“疏”和“密”压得更紧了，“疏”、“密”的间距更近了，人们听到的音调也就高了。反之，当汽车离你远去时，它把空气中的疏密拉开了，听到的声音频率就小了，音调也就低了。汽车的速度越快，音调的变化也越大。在科学上，我们把这种听到的音调与发声体音调不同的现象，称为“多普勒效应”。

想一想议一议

声调的变化？

声音的形成，首先是由于发声体的振动，然后在它周围的空气中形成了一会儿疏一会儿密的声波，传到耳朵里，使耳膜随着它同样地振动起来，人们就听到了声音。耳膜每秒钟振动的次数多，人就感到音调高；反之，耳膜每秒钟振动的次数少，人就感到音调低。照这样说，声源发出什么声，我们听到的就是什么调。真的是这样的吗？

声波的多普勒效应

为了理解多普勒发现行驶火车音调不一样这一现象，就需要考察火车以恒定速度驶近时，汽笛发出的声波在传播时的规律。其结果是声波的波长缩短，好像波被压缩了。因此，在一定时间间隔内传播的波数就增加了，这就是观察者为什么会感受到声调变高的原因；相反，当火车驶向远方时，声波的波长变大，好像波被拉伸了。因此，声音听起来就显得低沉。

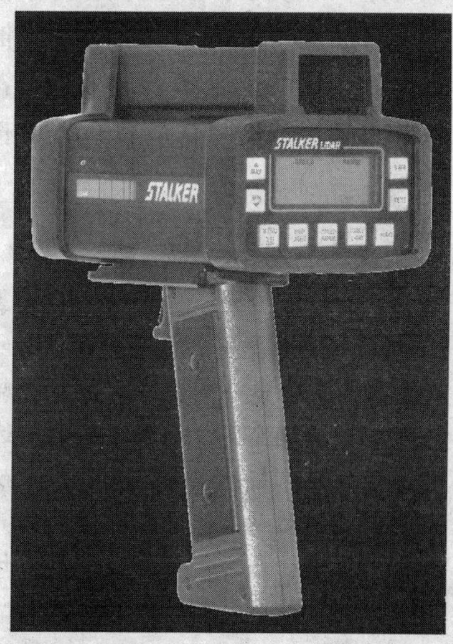

◆雷达测速仪 LIDAR

有趣的是，雷达测速计也正是根据多普勒效应的原理研制出来的。

我们知道，小汽车可以开得很快，可是为了保证安全，交通法规要对车速进行限制。那么，在汽车快速行进时，交通警察是怎样知道它们行驶的速度呢？最常用的测速仪器叫雷达测速计，它的外形很像一支大型信号枪，它也有枪筒、手柄、扳机等部件，在枪的后面有一排数码管。把枪口对准行驶的车辆，一扣扳机，一束微波就射向行驶中的车辆。微波是波长很短的无线电波，微波的方向性很好，速度等于光速。微波遇到车辆立即被反射回来，再被雷达测速计接收。这样一来一回，不过几十万分之一秒的时间，数码管上就会显示出所测车辆的车速。

它所依据的原理依然是“多普勒效应”。雷达测速计发出一个频率为1000兆赫的脉冲微波，如果微波射在静止不动的车辆上，被反射回来，它的反射波频率不会改变，仍然是1000兆赫。反之，如果车辆在行驶，而且速度很快，那么，根据多普勒效应，反射波频率与发射波的频率就不相同。通过对这种微波频率微细变化的精确测定，求出频率的差异，通过电脑就可以换算出汽车的速度了。当然，这一切都是自动进行的。

GPS是怎样确定自身的速度呢？初学者会想当然地以为，既然接收器都可以算出我每一秒钟的具体坐标，然后再除以一秒钟，这就是我一秒钟内的平均速度了。看起来是很合理，可是实际应用中，由于各种误差，导致这样算出来的数据不可能那么准确。实际上GPS接收机在计算前进速度的时候，用的也是多普勒效应，准确程度可以达到0.5千米/小时。GPS的相关知识我们将在最后一部分来解释。

历史故事

多普勒效应的发现

1842年某天，奥地利一位名叫多普勒的数学家、物理学家，路过铁路交叉处，恰逢一列火车从他身旁驰过，他发现火车从远而近驶过时汽笛声变响，音调变尖，而火车从近而远驶过时汽笛声变弱，音调变低。他对这个物理现象极感兴趣，并进行了研究。发现这是由于振源与观察者之间存在着相对运动，使观察者听到的声音频率不同于振源频率的现象。这就是频移现象。因为是多普勒首先提出来的，所以称为多普勒效应。

小知识

测速雷达朝向公路，可以测量车速，如果指向天空，就可以测云层的高度和速度。当然，要测几十千米外，甚至上百千米外的飞机，也是这个原理，只不过要向它扫描的空间连续发射微波束，这些微波束遇到飞机再反射回来，已经极其微弱了，要想把它接收到，分辨清并计算出来，就很困难了，这就需要一个庞大和灵敏雷达。

多普勒效应的拓展

具有波动性的光也会出现这种效应，它又被称为多普勒·斐索效应，因为法国物理学家斐索（1819～1896年）于1848年独立地对来自恒星的波长偏移做了解释，指出了利用这种效应测量恒星相对速度的办法。光波与声波的不同之处在于，光波频率的变化使人感觉到的是颜色的变化。

◆NCK火花塞构造

多普勒效应不仅仅适用于声波和光波，它也适用于所有类型的波，包括电磁波。科学家爱德文·哈勃（Edwin Hubble）使用多普勒效应得出宇宙正在膨胀的结论。他发现远离银河系的天体发射的光线频率变低，即移向光谱的红端，称为红移，天体离开银河系的速度越快红移越大，这说明这些天体在远离银河系。反之，如果天体正移向银河系，则光线会发生蓝移。

在移动通信中，当移动台移向基站时，频率变高；远离基站时，频率变低，所以我们在移动通信中要充分考虑多普勒效应。当然，由于日常生活中，我们移动速度的局限，不可能会带来十分大的频率偏移，但是这不可否认地会给移动通信带来影响，为了避免这种影响造成我们通信中的问题，我们不得不在技术上加以各种考虑。这也加大了移动通信的复杂性。

激光多普勒效应技术已相当成功地用于研究风洞里的速度分布。由于该技术的空间分辨率高，并具有跟踪快速速度脉冲的能力，使它成为研究湍流的重要手段，利用该技术还可以远距离测量风速，它可以测量空中任意高度处的风速，也可以监视飞机着陆前后机场上存在的湍流，还可以应用该技术测量人的视网膜血管内血流的速度。把直径 200 微米的聚焦激光点照到血液里，汇聚来自血管内血液的散射光，而从血管壁上产生的散射光可作为光学差额的参考光，用 1 微米的氦—氖激光器发出的光即可测量。

人 物 志

阿曼德·斐索

阿曼德·斐索（Armand Hippolyte Louis Fizeau，1819～1896 年）是出生于法国巴黎的物理学家。他早期的工作与改善摄影的程序有关，然后他与博利厄合作，参与了一系列光和热的干涉现象研究。在 1848 年，他发现了电磁波的多普勒效应；1849 年，他发表了用他的方法测量得到的光速；在 1850 年，与古内勒测量了电流的速度。在 1853 年，他描述了如何使用螺旋线圈来增加电容（后来称为电容器）的效能，然后他又研究了固体中的热胀冷缩，并应用光的干涉现象测量水晶的膨胀。1860 年他成为法国皇家学会的会员，1878 年加入经度管理局。他于 1896 年 9 月 18 日在文特鲁逝世。

原理介绍：一个奇异的“窟窿”——风洞

风洞，是能人工产生和控制气流，以模拟飞行器或物体周围气体的流动，并可量度气流对物体的作用以及观察物理现象的一种管道状实验设备，它是进行空气动力实验最常用、最有效的工具。风洞实验是飞行器研制工作中的一个不可缺少的组成部分。它不仅在航空和航天工程的研究和发展中起着重要作用，随着工业空气动力学的发展，在交通运输、房屋建筑、风能利用和环境保护等部门中也得到越来越广泛的应用。用风洞作实验的依据是运动的相对性原理。实验时，常将模型或实物固定在风洞内，使气体流过模型。这种方法，流动条件容易控制，可重复地、经济地取得实验数据。为使实验结果准确，实验时的气体流动必须与实际流动状态相似，即必须满足相似律的要求。但由于风洞尺寸和动力的限制，在一个风洞中同时模拟所有的相似参数是很困难的，通常是按所要研究的课题，选择一些影响最大的参数进行模拟。此外，风洞实验段的流场品质，如气流速度分布均匀度、平均气流方向偏离风洞轴线的大小、沿风洞轴线方向的压力梯度、截面温度分布的均匀度、气流的湍流度和噪声级等必须符合一定的标准，并定期进行检查测定。

◆沃尔沃（Volvo）汽车公司的风洞建于1986年，作为世界上第一个拥有风洞的汽车制造商，近期，沃尔沃又投资了两千万欧元（约合2亿元人民币）对风洞进行全面升级改造，使其以精密的空气动力学测量能力再次成为汽车工业的样板。

另外，多普勒效应也被广泛地用于工业流程里的非接触速度测量，例如纺纱或人造纤维抽丝过程中测量纤维的速度，测量薄钢板、铝板、塑料板或纸板在挤压或卷曲时的速度。

◆海豚

有些多普勒效应在日常生活中不易被察觉，但很多动物如蝙蝠和一些鸟类都能用回声定位法来捕捉昆虫。它们能在黑暗的空中捕食昆虫，奥妙就在于它们在飞行时，口中发出一定频率的超声脉冲，当遇到昆虫时，产生回声，探测来自昆虫的回声，利用多普勒偏移，就能确定昆虫离它的距离及飞行速度。还有许多其他动物，如鲸、海豹、海豚等，都能发出一定频率的声波，用来捕食或与同类之间相互联系。

1. 简要描述多普勒效应。
2. 找出你身边可能有多普勒效应的现象。
3. 蝙蝠是通过什么方法捕食的?

H_2O在车内起“舞”——玻璃水珠

◆玻璃水珠

我们都曾有过这样的经历，在冬天搭乘公交车的时候经常会遇到坐在车内看不到车外的情景，原来玻璃上产生了小水珠，也就是在冬天的时候车内起雾了。其实不仅是在冬天，装有空调的小汽车在夏、冬季节，车窗上都会有水珠出现，但小水珠在不同季节是出现在车窗玻璃不同的表面上的！原因是夏天车外气温高，车内气温低，故车子外面的水蒸气遇冷在窗户玻璃的外表面上液化形成了小水珠；而冬天则相反，车内气温高于车外气温，所以车子内的水蒸气遇冷在车窗玻璃的内表面上液化形成了小水珠。同样的现象在我们生活当中是很常见的！

汽车玻璃水珠探因

◆大雾影响交通

汽车玻璃上起雾有两个条件，一个是湿度过高，一个是温度过低，两者缺一不可。原因有二，其一：在空气湿度一定的情况下，车窗温度低于露点温度时，就会在车窗表面形成结露，这也就是我们经常看到的前挡风玻璃上的起雾现象。其二：在车窗两侧出现一定的温差，温度低的表面水分的饱和蒸汽压低于周围环境的蒸汽压时，水汽就向玻璃表面聚集，并以微小的水珠形式渗析出来而形成雾汽。如果露点温度高于零摄氏度，则形成结雾现象；如果露点温度低于零摄氏度则变成结霜。

综上，我们发现这其实是一个很简单的物理现象，那就是物质状态的变化，那么就让我们来认识一下我们身边的物质状态和它们可能发生的变化。

小知识

露点（或霜点）温度

露点是在水汽含量和气压都不改变的条件下，水汽冷却到饱和时的温度。形象地说，就是空气中的水蒸气变为露珠时候的温度叫露点温度。露点温度本是个温度值，可为什么用它来表示湿度呢？这是因为，当空气中水汽已达到饱和时，气温与露点温度相同；当水汽未达到饱和时，气温一定高于露点温度。所以露点与气温的差值可以表示空气中的水汽距离饱和的程度。

物态

什么是“物态”呢？日常所知的固态、液态和气态就是三种“物态”。“物态”是按属性划分的实物存在的基本形态，它都表现为大量微小物质粒子作为一个整体而存在的集合状态。以往人们只知道有固态、液态和气态三种物态，随着科学的发展，在大自然中又发现了多种“物态”。人类迄今知道的“物态”已达10余种之多。

知识窗

除了固态、液态、气态外，还有非晶态、液晶态、超高温下的等离子态、超高压下的超固态、中子态、超导态、超流态、玻色——爱因斯坦凝聚态、费米子凝聚态等等。

固态

严格地说，物理上的固态应当指“结晶态”，也就是各种各样晶体所具有的状态。最常见的晶体是食盐（化学成分是氯化钠，化学式是 NaCl）。你拿一粒食盐（最好是粗制盐）观察，可以看到它由许多立方形晶体构成。如果你到地质博物馆还可以看到许多颜色、形状各异的规则晶体，十分漂亮。物质在固态时的突出特征是有一定的体积和几何形状，在不同方向上物理性质可以不同（称为“各向异性”）；有一定的熔点，就是熔化时的温度。

◆金花琥珀

在固体中，分子或原子有规则地排列着，就像我们全体做操时，人与人之间都等距离地排列一样。每个人在一定位置上运动，就像每个分子或原子在各自固定的位置上作振动一样。我们将晶体的这种结构称为“空间点阵”结构。

液态

液体有流动性，把它放在什么形状的容器中它就有什么形状。此外与固体不同，液体还有“各向同性”的特点（不同方向上物理性质相同），这是因为，物体由固态变成液态的时候，由于温度的升高使得分子或原子运动剧烈，而不可能再保持原来的固定位置，于是就产生了流动。但这时分子或原子间的吸引力还比较大，使它们不会分散远离，于是液体仍有一定的体积。实际上，在液体内部许多小的区域仍存在类似晶体的结构——“类晶区”。流动性是“类晶区”彼此间移动形成的。我们打个比喻，在柏油路上送行的“车流”，每辆汽车内的人是有固定位置的一个“类晶区”，而车与车之间可以相对运动，这就造成了车队整体的流动。

气态

液体加热后会变成气态。这时分子或原子运动更剧烈，“类晶区”也不存在了。由于分子或原子间的距离增大，它们之间的引力可以忽略，因此气态时主要表现为分子或原子各自的无规则运动，这导致了我们所知的气体特性：有流动性，没有固定的形状和体积，能自动地充满任何容器，容易压缩，物理性质“各向同性”。显然，液态是处于固态和气态之间的形态。

物态变化

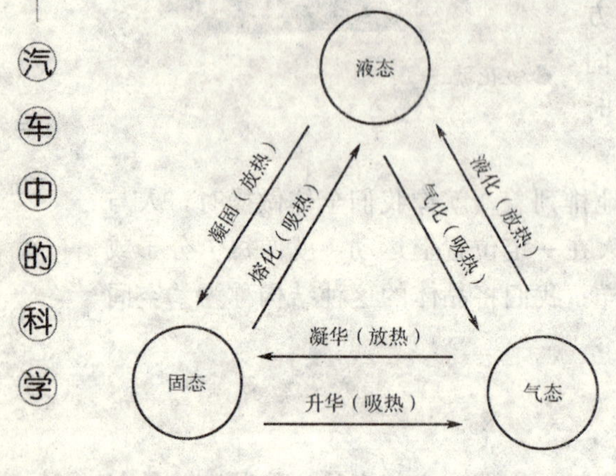

◆物态变化

物质由一种状态变为另一种状态的过程称为物态变化。物质从固态转换为液态时，这种现象叫熔化，熔化要吸热，比如冰吸热熔化成水；反之，物质从液态转换为固态时，这种现象叫凝固，凝固要放热，比如水放热凝固成冰。从固态转换为液态的固体又分为晶体和非晶体，晶体有固定的熔点，当温度达到熔点时（持续吸热）就会熔化，熔化时温度不会高于熔点，完全熔化后温度才会上升。非晶体没有固定的熔点，所以熔化过程中的温度不定。晶体熔化时温度不变，存在三种状态，如冰熔化时，温度为0℃，同时存在冰的固态，水的液态和冰与水的固液共存态。

物质从液态转换为气态，这种现象叫气化，气化又有蒸发和沸腾两种方式，蒸发发生在液体表面，可以在任何温度进行，是缓慢的。沸腾发生在液体表面及内部，必须达到沸点，是剧烈的。气化要吸热，液体有沸点，当温度达到沸点时，温度就不会再升高，但是仍然在吸热；物质从气态转换为液态时，这个现象叫液化，液化要放热。例如水蒸气液化为水。

物质从固态直接转换为气态，这种现象叫做升华。物质直接从气态转换为固态，这种现象叫凝华。升华时吸热，凝华时放热。

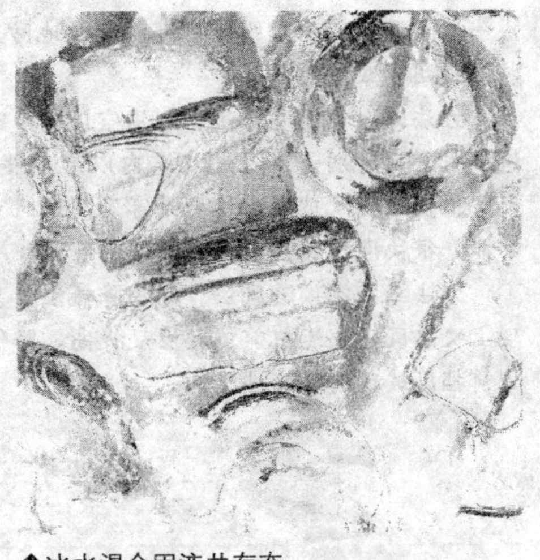

◆冰水混合固液共存态

汽车起雾主要是液化过程。液化是物质由气态转变为液态的过程。液化是放热过程，主要有两种方式：降低温度和压缩体积。任何气体在温度降到足够低时都可以液化，前提是可以实现降低温度这一过程。

在一定温度下，压缩气体的体积也可以使某些气体液化（或两种方法兼用）。例如：家用液化石油气就是在常温下利用压缩气体体积的方法使它液化，并储存在钢罐里的，液体打火机同理。液化氧气是根据气体的沸点不同，把空气液化，再升温到各自的沸点后分离出来。火箭上的液态燃料和氧化剂则是在相当低的温度下利用压缩气体体积的方法获得的。常见的液化现象有：雾、露、雨的形成——水蒸气与热空气一起上升，在高空中遇冷后，水蒸气就凝结成雨。冬天口中呼出的白气——我们口中呼出的水蒸气遇冷，液化成小水滴。

◆用物态变化解释自然现象：云、雪和水

小资料：避免车窗起雾的方法

方法一：喷涂防雾剂等预防法。将少许除雾剂喷于汽车玻璃窗上（内壁），再擦拭干净，即可除去玻璃窗上的污垢、斑痕。在擦亮玻璃的同时，在玻璃上形成一薄层透明的保护膜，它可以有效地防止水汽在玻璃上的凝结而形成的雾层，特别适用于寒冷的冬天。

方法二：空调制冷法。利用空调制冷除湿功能，降低空气湿度的方法去除雾汽。当夏天特别是多人进入车内以后，没有及时开空调，人呼出的气体湿度较大，很快前挡风玻璃上就会结雾了。这时可打开空调向前吹冷风，利用空调除湿功能，很快即可除去前挡风玻璃的雾汽。

方法三：空调暖风法。利用降低温度差的方法去除结雾。冬季利用暖风往玻璃上吹热风，快速把前玻璃温度提高，降低车窗玻璃内外表面的温差，可及时防止前挡风玻璃的雾汽过重。

1. 为什么汽车车上会有水珠出现？
2. 除了常见的固、液、气三态，还有哪几种物质状态？
3. 液化是怎样一个过程？

机器金刚的角
——汽车天线

现代社会充斥着各式各样的车，不知道大家有没有发现，在一些汽车的顶部会有一些类似触角的装置。为什么会在一个很漂亮的车身上安装一个“触角”呢？原来这是汽车天线，那汽车上为什么会装一个天线呢？它有什么作用？这是运用了什么科学知识在里面呢？让我们带着这样一些问题来认识汽车天线。

◆福特 ECOnetic

汽车天线大观园

汽车天线是作无线电波的发射或接收用的一种装置。为了车身的美观，市面上有好多种类型的天线。天线在无线电设备中是用来发射或接收电磁波的部件。无线电通信、广播、电视、雷达、导航、电子对抗、遥感、射电天文等工程系统，凡是利用电磁波来传递信息的，都依靠天线来进行工作。汽车天线的作用是什么呢？

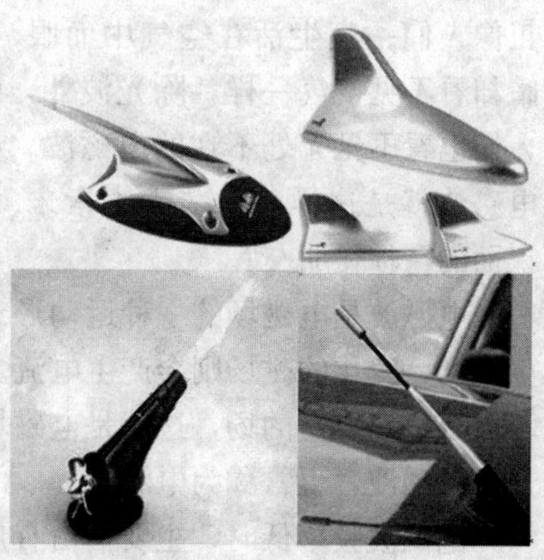
◆各式各样的汽车天线

汽车天线跟有线电视的同轴电缆

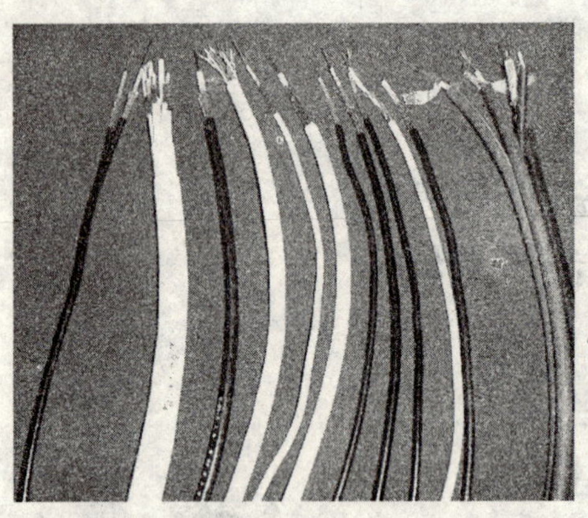
◆各种同轴电缆线

线原理一样，一根是信号线，一根是屏蔽线（地线），地线是开路的，信号线是闭路的。天线用在发射机上就是发射天线，用在接收机上就是接收天线。带 LED 灯的鲨鱼鳍天线，在晚上震动的时候会发光，有发蓝光的，有发红光的。它相当于转向灯的作用，有提醒后面的车要换向、转道的作用。

汽车天线的作用都是与电和电磁波有关的，为什么一个小小的天线装置就可以解决这么多问题呢？原来这其中包含了很多电磁学知识。现在，让我们从最基本的电磁波谈起。

电磁波

从科学的角度来说，电磁波是能量的一种，凡是高于绝对零度的物体，都会释放出电磁波。正像人们一直生活在空气中而眼睛却看不见空气一样，除光波外，人们也看不见无处不在的电磁波。电磁波就是这样一位与人类素未谋面的“神秘朋友”。

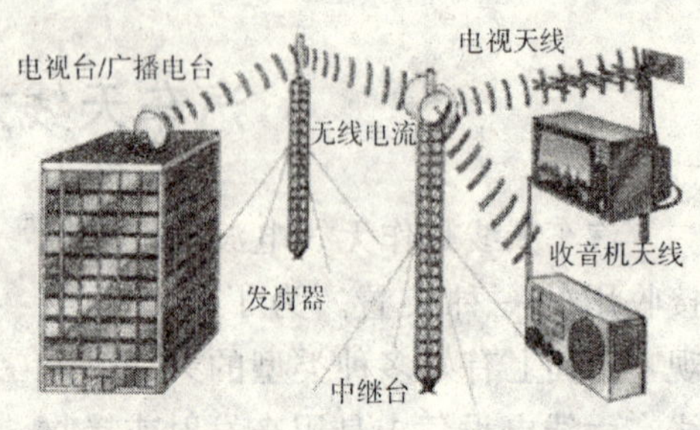

◆电磁波的发射和接收

电磁波是电磁场的一种运动形态。电与磁可说是一体两面，电流会产生磁场，变化的磁场则会产生电流。变化的电场和变化的磁场构成了一个不可分离的统一的场，这就是电磁场，而变化的电磁场在空间的传播又形成了电磁波，也常称为电波。

电磁波频率低时，主要借由有形的导电体才能传递。原因是在低频的电振荡中，磁电之间的相互转化比较缓慢，其能量几乎全部返回原电路而没有能量辐射出去；电磁波频率高时即可以在自由空间内传递，也可以束

缚在有形的导电体内传递。在自由空间内传递的原因是在高频率的电振荡中，磁电互变甚快，能量不可能全部返回原振荡电路，于是电能、磁能随着电场与磁场的周期变化以电磁波的形式向空间传播出去，不需要介质也能向外传递能量，这就是一种辐射。举例来说，太阳与地球之间的距离非常遥远，但在户外时，我们仍然能感受到和煦阳光的光与热，这就好比是“电磁辐射借由辐射现象传递能量”的原理一样。

电磁波通过不同介质时，会发生折射、反射、绕射、散射及吸收等等。电磁波的传播有沿地面传播的地面波，还有从空中传播的空中波以及天波。波长越长其衰减越少，也越容易绕过障碍物继续传播。

小知识

电磁振荡

电磁振荡是在电路中电荷和电流以及与之相联系的电场和磁场周期性地变化，同时相应的电场能和磁场能在储能元件中不断转换的现象。例如，在由纯电容和纯电感组成的电路中，电流的大小和方向周期性地变化，电容器极板上的电荷也周期性地变化，相应的电容内储存的电场能和电感内储存的磁场能不断相互转换。由于开始时储存的电场能或磁场能既无损耗又无电源补充能量，电流和电荷的振幅都不会衰减。这种往复的电磁振荡称为自由振荡，相应的振荡频率称为电路的固有频率。

电磁辐射对人体的伤害

电磁辐射危害人体的机理主要是热效应、非热效应和累积效应等。

热效应：人体内70%以上是水，水分子受到电磁波辐射后相互摩擦，引起机体升温，从而影响到身体其他器官的正常工作。

非热效应：人体的器官和组织都存在微弱的电磁场，它们是稳定和有序的，一旦受到外界电磁波的干扰，处于平衡状态的微弱电磁场即遭到破坏，人体正常的机能会受到影响。

累积效应：热效应和非热效应作用于人体后，对人体的伤害尚未来得及自我修复之前再次受到电磁波辐射的话，其伤害程度就会发生累积，久而久之会成为永久性病态甚至危及生命。对于长期接触电磁波辐射的群体，即使功率很小，频率很低，也会诱发想不到的病变，应引起警惕！

各国科学家经过长期研究证明：长期接受电磁辐射会造成人体免疫力下降、新陈代谢紊乱、记忆力减退、提前衰老、心率失常、视力下降、听力下降、血压异常、皮肤产生斑痘、粗糙，甚至导致各类癌症等；男女生殖能力下降、妇女易患月经紊乱、流产、畸胎等症。

具有防电磁波辐射危害的食物有：绿茶、海带、海藻、裙菜、维生素A、维生素C、维生素B_1、卵磷脂、猪血、牛奶、甲鱼、蟹等动物性优质蛋白等。

链 接

世界上第一份电报的内容

赫兹对人类文明作出了很大的贡献，正当人类期望他再作贡献的时候，骨癌过早地夺去了他的生命。赫兹于1894年元旦去世，只活了36岁。他的导师亥姆霍兹赞扬赫兹“才气横溢，性格坚毅，用自己极短暂的一生解决了一个世纪以来许多科学家所没有解决的一系列重要的问题”。1896年3月24日，俄国著名物理学家波波夫（1859～1906）用“海因里希·鲁道夫·赫兹”拍发了世界上第一份电报。后人为纪念赫兹，用他的名字来命名频率的单位。

知识广播

随着人们生活水平的日益提高，电视、电脑、微波炉、电热毯、电冰箱等家用电器越来越普及，电磁波辐射对人体的伤害越来越严重。但由于电磁波是看不见，摸不着，感觉不到，且其伤害是缓慢、隐性的，所以尚未引起人们的广泛注意。家用电器应尽量勿摆放于卧室，也不宜集中摆放或同时使用。

天线的原理

当导体上通以高频电流时，在其周围空间会产生电场与磁场。按电磁场在空间的分布特性，可分为近区、中间区、远区。近区电磁场与导体中的电流、电压有紧密的联系。

◆电视天线

远区电磁场能离开导体向空间传播，它的变化相对于导体上的电流电压就要滞后一段时间，此时传播出去的电磁波已不与导线上的电流电压有直接的联系了，该区域的电磁场称为辐射场。

发射天线正是利用辐射场的这种性质，使传送的信号经过发射天线后能够充分地向空间辐射。如何使导体成为一个有效辐射系统呢？这里我们先分析一下传输线上的情况，在平行双线的传输线上为了实现只有能量的传输而没有辐射，必须保证两线结构对称，线上对应点电流大小和方向相反，且两线间的距离小于 π。要使电磁场能有效地辐射出去，就必须破坏传输线的这种对称性，如采用把两导体成一定的角度分开，或是将其中一边去掉等方法，都能使导体对称性被破坏而产生辐射。

◆有趣的圆周率

汽车上的天线有很多种作用，如接收收音机信号，车载电话信号还有GPS定位，具体是什么作用，要看这辆汽车的功能了。还有很多特种车上的天线有自己特殊的用途，比如说警车上的天线，是用于接收移动电台，接受命令和军方、警方特殊波段的信息等等之类。

1. 一般的汽车天线有哪几种类型？
2. 电磁波是怎么形成并传播的？
3. 汽车天线有什么作用？

一丝不苟的努力
——后车窗电热丝

◆后挡风玻璃

之前我们介绍过车窗起雾，那么汽车上有没有什么装置可以避免车窗起雾呢？原来轿车后窗玻璃上粘着不少横着的薄膜，那些薄膜是导电的，我们知道司机是从驾驶室上方的反光镜里观察车后面的情况。冬天车内比车外暖和，后窗玻璃上容易产生水汽或结霜，此时反光镜映出的后窗上将是白茫茫一片，司机就看不清车后的情况，这是十分危险的。人们由此想出办法，在后车窗上装上电热丝，通电后，使玻璃温度升高，玻璃上不会产生水汽或霜，从而消除了事故隐患。可是我们要问了，这又是什么科学原理在改变我们的生活呢？

电热丝

电热丝是最为常见的一种发热元件，其作用是在通电后发热，将电能转化为热能。电热丝的应用范围很广，汽车后车窗上的横线多为电热丝，当然有的也是汽车天线，其实常用电热设备都会采用电热丝作为发热元件，因此电热丝在医疗、化工、电子、电器、冶金机械、陶瓷玻璃加工等行业都有应用。

电热丝的工作原理

电热丝的工作原理与其他金属发热元件相同，都是金属通电后的电热

◆铁铬铝合金电热丝

现象。电热就是指电流在通过导体后，电流会产生一定的热量并被导体传递出来。电热丝本身就是金属导体，在通电后即会散发出热量、提供热能。

电热丝的种类

电热丝的种类是根据电热丝的各种元素含量及组织结构不同来划分的。电热丝的种类有铁铬铝合金电热丝和镍铬合金电热丝。这两种电热丝作为电热元件，在功能特性方面各有不同。

铁铬铝合金电热丝的优点是运行温度高，实验得出铁铬铝合金电热丝的最高运行温度可到 1400℃。铁铬铝合金电热丝的使用寿命长、电阻率高、表面复合高，并有较好的抗氧化性。

铁铬铝合金电热丝的缺点是在高温环境下的强度较低，随着温度的升高铁铬铝合金电热丝的可塑性会增强，也就是说铁铬铝合金电热丝在高温中容易发生变形，且变形后不易修复。

镍铬合金电热丝的优点是在高温环境中的强度高，长期高温运行不易变形，不易改变结构，且镍铬合金电热丝的常温塑性好，变形后的修复较为简单。此外，镍铬合金电热丝的辐射率高、不带磁性、耐腐蚀能力好、使用寿命长。

镍铬合金电热丝的缺点是运行温度不能达到前者的水平。镍铬合金电热丝的制造需要使用镍，这种金属的价格高于铁、铬、铝的价格，因此镍铬合金电热丝的制造成本较高，不利于成本控制。

链 接

镍铬合金具有高强度和抗腐蚀性，铬与铁和镍组成的合金俗称不锈钢。常用于切削工具；用喷镀、沉积和高温扩散等方法在钢或铁的表面形成抗腐蚀合金层；重铬酸钾和重铬酸钠是有机合成和石油工业中的强氧化剂；铬黄、铬橙、铬绿等可用作无机颜料。

电阻

上面所说的电热丝其实就是我们常说的电阻。物质对电流的阻碍作用就叫该物质的电阻。电阻小的物质称为电导体，简称导体。电阻大的物质称为电绝缘体，简称绝缘体。

在物理学中，用电阻来表示导体对电流阻碍作用的大小。导体的电阻越大，表示导体对电流的阻碍作用越大。不同的导体，电阻一般不同，电阻是导体本身的一种性质。电阻元件是对电流呈现阻碍作用的耗能元件。

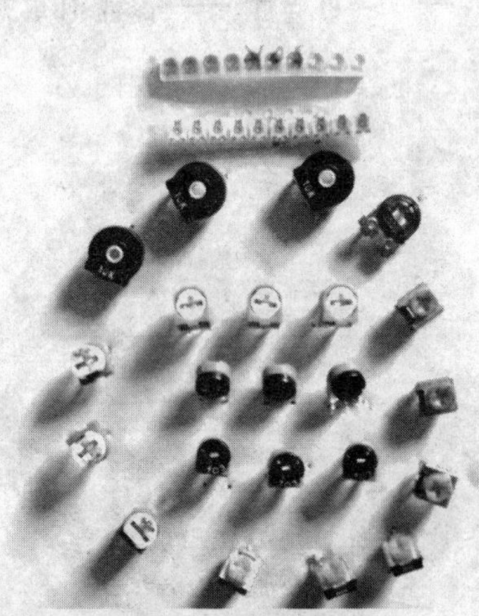

◆可调电阻

电阻元件的电阻值大小一般与温度有关，衡量电阻受温度影响大小的物理量是温度系数，其定义为温度每升高 1℃ 时电阻值发生变化的百分数。

按阻值特性，电阻可以分为固定电阻、可调电阻、特种电阻（敏感电阻）。

电阻值不能调节的，我们称之为定值电阻或固定电阻，而电阻值可以调节的，我们称之为可调电阻。常见的可调电阻是滑动变阻器，例如收音机音量调节的装置就是个圆形的滑动变阻器，主要应用于电压分配的，我们称之为电位器。

小知识

电阻是所有电子电路中使用最多的元件。

导体的电阻通常用字母 R 表示，电阻的单位是欧姆（ohm），简称欧，符号是 Ω。比较大的单位有千欧（kΩ）、兆欧（MΩ）（兆＝百万，即 100 万）。

小贴士——智能的敏感电阻

◆光敏电阻

敏感电阻器常识：

1. 热敏电阻：

是一种对温度极为敏感的电阻器。分为正温度系数和负温度系数电阻器。选用时不仅要注意其额定功率、最大工作电压、标称阻值，更要注意最高工作温度和电阻温度系数等参数，并注意阻值变化方向。

2. 光敏电阻：

阻值随着光线的强弱而发生变化的电阻器。分为可见光光敏电阻、红外光光敏电阻、紫外光光敏电阻。选用时先确定电路的光谱特性。

3. 压敏电阻：

是对电压变化很敏感的非线性电阻器。当电阻器上的电压在标称值内时，电阻器上的阻值呈无穷大状态，当电压略高于标称电压时，其阻值很快下降，使电阻器处于导通状态，当电压减小到标称电压以下时，其阻值又开始增加。

4. 湿敏电阻：

是对湿度变化非常敏感的电阻器，能在各种湿度环境中使用。它是将湿度转换成电信号的换能器件。选用时应根据不同类型号的不同特点以及湿敏电阻器的精度、湿度系数、响应速度、湿度量程等进行选用。

电阻的测量方法

伏安法：又称伏特计、安培计法，是一种较为普遍的测量电阻的方法，通常利用欧姆定律：R=U/I来测出电阻值。因为是用电压除以电流，所以叫伏安法。

伏安法测电阻虽然精度不很高，但所用的测量仪器比较简单，而且使用也方便，是最基本的测电阻的方法，测电阻的方法还有替代法、惠斯通电桥法等多种。

小知识

欧姆定律

在同一电路中，导体中的电流跟导体两端的电压成正比，跟导体的电阻阻值成反比，这就是欧姆定律，基本公式是I=U/R。欧姆定律由乔治·西蒙·欧姆提出，为了纪念他对电磁学的贡献，物理学界将电阻的单位命名为欧姆，以符号Ω表示。

挡风玻璃的双刃

汽车后挡风玻璃的电加热功能在设计时都会考虑到玻璃的骤冷和骤热，一般不会产生炸裂的情况，但是，汽车后挡风玻璃内的电阻丝是快速加热，如果室外温度过低，后挡风玻璃突然受热，会导致老化玻璃炸裂。另外，随着汽车的老化，电阻丝就会发生一些化学变化，也会导致玻璃炸裂。

◆碎挡风玻璃

冬季气温较低时，不要启动汽车后马上就打开后挡风玻璃的电加热，如果后挡风玻璃上有冰雪等覆盖物，要尽量除去后再行车。针对汽车后挡风玻璃贴膜后是否会影响电阻丝均匀加热的问题，专家表示，后挡风玻璃贴膜后，一般不会影响电阻丝的均匀加热，但不排除在贴膜时加热会使金属丝或连线受损，从而导致玻璃炸裂。所以要小心提醒你身边的人注意。

1. 后挡风玻璃上的横线有什么功能？
2. 汽车后车窗上的电热丝一般是什么材质的？
3. 试着测一段电阻的阻值。

谈车自若

——汽车大观

逐渐发展成熟的各类汽车已经充斥了我们的生活，令我们不由惊叹汽车带来的一切，从开始到现在，历经一个世纪，由最初的被马车夫都看不起的“机器怪物”到现在家喻户晓的代步工具，汽车无疑是20世纪发展最成功的工业产品。

汽车社会呼唤汽车文明。一代代的汽车人不断努力，到现在，汽车已经成为一种文化，穿梭在大街小巷，并且随着汽车科技的不断发展，汽车文化也在不断发展。车轮承载着这个世界不断地向前行驶。让我们准备好迎接汽车社会的挑战吧！

永不停息的脚步
——汽车新技术 A

随着科技的发展和人们对汽车要求的提高，汽车技术发生着翻天覆地的变化。现如今，各种电子设备把汽车从头到尾武装了起来，而 10 年前，“人车对话”可能会被视为脑子不正常，也没见过谁成打地购买安全气囊，所谓的“电动车”则只出现在高尔夫球场或者游乐园里。

◆奔驰 GLK

汽车界风云变幻，今后汽车技术的变化也将会更快，会涌现出更多层出不穷的实用汽车科技。现在就让我们开始窥视冰山一角吧！

人们都希望驾驶更方便舒适的汽车，许多汽车的常规设备实行电子化控制后，大大提高了驾驶的方便性和乘坐的舒适性。

CCS（巡航控制系统）

巡航控制系统或定速巡航系统，又称为定速巡航行驶装置、速度控制系统、自动驾驶系统等。用在汽车上可实现的功能一般有：定速巡航、巡航加速、巡航减速、定速解除和定速恢复。

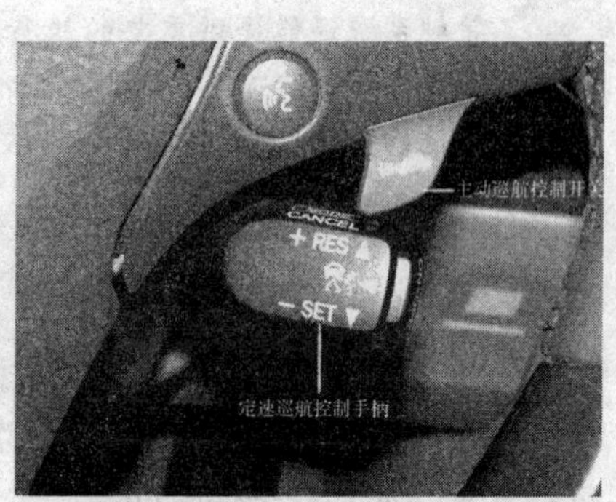

◆巡航控制装置

巡航控制系统主要就是不用踩油门踏板就自动地保持司机要求的车速，使车辆以固定的速度行驶。采用了这种装置，当在高速公路上长时间行车后，司机就不用再去控制油门踏板，减轻了疲劳，同时减少了不必要的车速变化，可以节省燃料。这是一种减轻驾驶疲劳的装置。

小贴士

巡航控制系统还有节省燃料和减少排放的好处，因为汽车都有对应的经济速度，当驾驶者将巡航控制系统调置在经济速度上就可以起到省油的作用。

触屏式导航技术

触屏式导航系统通过其集成式导航无线电通讯技术，进一步简化了导航系统，使得驾驶更加方便。这套导航系统包括车载电脑、DVD地图信息库、车辆探测器以及GPS卫星资料库等，可随时确定车辆的位置。驾驶员可以直观地通过触摸式屏幕输入目的地信息。在输入并确认目的地的地址后，系统便会通过视觉与语音系统，在所经路口向驾驶员提供方向指示，帮助了司机在不熟悉的路段正常行驶。

小知识

导航系统还能提供重要的旅行信息，如距目的地里程数与路上所需时间。如果用户错过了一个转弯路口，这个智能导航系统能快速重绘地图，提供新路线。在路边停车后，比如加油或购买食物，系统也能继续执行导航功能。

磁流变液减振器

磁流变液减振器是一个革命性的新技术，可同时提高车辆的舒适程度、驾驶性能和安全保障度。

磁流变液是一种新型智能材料。它可用于磁流变液减振器，制成新一代高性能、智能化减振装置。该装置结构简洁，功耗极低，控制应力范围

大并可实现对阻尼力的瞬间精确控制。且对杂质不敏感。工作温度范围宽，可在－50～140℃之间工作。磁流变液减振器可以直接通过普通低伏电源（一般的蓄电池）供电，避免高伏电压带来的危险和不便。与传统的汽车减振器相比，其运动部件大为减少，几乎无碰撞，故噪声低。通过控制车身运动，提高驾驶平顺性，并使操作更精确、反应更迅速；在刹车和加速过程中减少乘员“前冲”和“后仰”；改善负荷转移特性，在车辆高速行驶中突然变向时，可提供更好的防侧翻控制；由于减小了路面反冲力，使驾驶更为安静、精确。

◆磁流变液

防疲劳驾驶技术

防疲劳驾驶技术旨在提醒驾驶员不要疲劳驾驶，目前不同的汽车上装配的不尽相同。比如：奔驰新 E 级在方向盘内部的传感器可以感应我们对航向纠正的速率和频度。如果它感应到我们对方向的掌控变得迟钝而突兀，并且已经连续行驶超过 2 个小时以上时会提醒驾驶者需要休息了，这个时候会在仪表盘中央的显示屏上显示一个小咖啡杯的图标，要想让这个图标消失除非我们停车熄火。

日本丰田开发的系统是针对驾驶者眼部的侦测，内置在驾驶者前方的摄像头会记录驾驶者的眼部状态，如果系统侦测到驾驶者的眼睛已经闭上，车内会立即发出警报提醒驾驶者。但提示终归是提示，停车休息还是需要人来操作。

智能前照灯光系统

我们知道，汽车在行驶过程中是需要灯光来照明的，当然车载灯光还

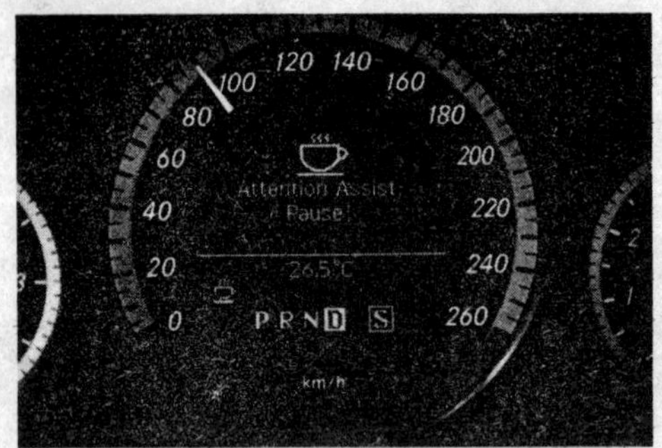

◆奔驰的防疲劳驾驶系统会提醒驾驶者需要休息

有警示和提醒等其他意义，这里暂时不做讨论，我们要讨论的是前照灯光系统的智能运作，现在广为流行的自动大灯就属于自动灯光系统的范畴。

这是由一个车载光感传感器对光线的感应来控制车辆大灯开关的，其实原理很简单，就是光敏管技术。但是智能灯光技术就不仅仅是控制大灯开启关闭这么简单的事情了。有些车辆的智能灯光系统是可以根据对面来车的距离来自动控制左侧灯光的高低角度和照射强度的，一旦与其他车辆错开后，将会立即恢复原有灯光角度的位置和亮度。而有些车辆更是在远光未开启的情况下通过前照雷达探测，如果探测到障碍物，如停泊或慢速行驶在主路上的车辆或者行人时，就会自动将远光打向无限远角度，提醒驾驶者注意前方情况。

◆智能大灯系统可以提醒前方情况

车辆并线提醒技术

对于新手甚至经常开车的人来说，行车过程中的并线盲区都是很难消除的，由于车身设计的缘故，反光镜所能提供给我们的视觉范围总会有一些盲区存在，驾驶员的头部又不能总是扭来扭去，这样反而会更加增大行车危险。因此聪明的人们想到了并线提醒装置，其原理

◆奔驰新 E 级的并线辅助设备

与我们常见的倒车雷达类似。

这一装置的形式是在左右两个后视镜内或者其他地方提醒驾驶者后方的来车，在奔驰的新E级上当两边后方有来车时如果不打转向灯便会以黄色警示提醒，如果打转向灯则会以红色闪烁提醒后方有来车并线会发生危险。

1. GPS技术给汽车行驶带来了哪些便利？
2. 汽车新技术一般是在哪些方面进行突破？
3. 你认为在安全方面，汽车技术还要有什么改进？

永不停息的脚步
——汽车新技术 B

汽车为人们提供了便利的交通，但是传统的汽车消耗了大量的石油，排放了大量的有害气体，对能源的短缺与环境的污染造成了严重影响。节能、环保的汽车技术越来越受到人们的广泛关注。人性化的汽车在各大车展中不断出现。

汽车的使用正逐步向对人类生存有利的方向发展，尽可能摒弃那些对人类有害的缺点，将使汽车能更有效更合理地为人类服务。

车辆防爆胎技术

现今所有的轮式交通工具（包括飞行器，如飞机、航天飞机等）均采用充气轮胎，而充气轮胎的爆裂从技术上讲是无法避免的，因此，爆胎是所有轮式交通工具无法避免的潜在危险。爆胎事故的后果往往是灾难性的。

◆飞机爆胎

爆胎从机械故障演变为

严重交通灾难的原因或机理是：爆胎后车轮碾压轮胎而产生横向作用力导致车轮滑移，由于汽车高速运行时车轮与地面的附着力很小，抵抗横向滑移的能力十分有限，车轮滑移是导致爆胎后汽车失控的根本原因。

◆吉利大力推广自主研发的防爆胎技术

爆胎是随着汽车技术的产生而出现的，它一直是汽车使用充气轮胎后伴随汽车工业的一个阴影，世界汽车产业也一直从事着爆胎防范和救助技术的研发，主要的技术方案有：轮胎气压监测技术、多气室轮胎技术、超扁平轮胎技术、方向自锁技术、同轴轮胎气压互通技术、爆胎监测和自动制动技术，也称BMBS技术。

燃油直喷技术

为了让汽车引擎达到更强的输出与更高的燃油经济性，各家车厂一直致力于新科技的开发，而除了已广为人知的气门技术、增压手段之外，近年来又流行起了燃油直喷技术，并得到各家车厂的青睐。其技术特色到底如何呢？

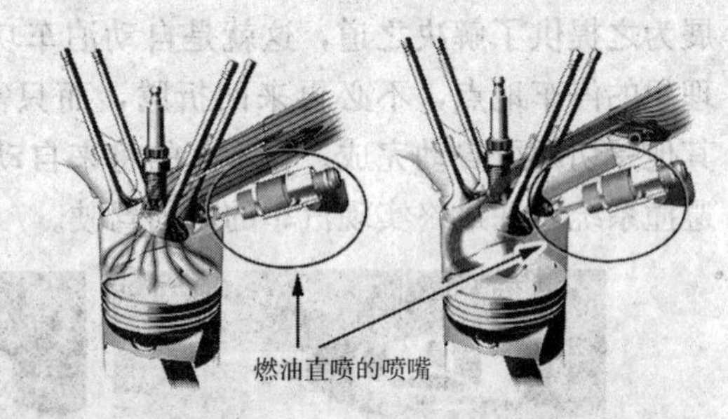

◆燃油直喷系统

在构造上，传统多点喷射系统的喷油嘴位于进气歧管前方，在引擎需要供油时，由计算机计算出最佳的供油量并与进入引擎的空气混合后，经由进气阀门到达汽缸内部，并进行压缩、爆炸等动作。至于燃油直喷系统，则是将喷油嘴置于汽缸内部，其特色在于引擎燃油的取得不需要经过气门的开启，而能够由计算机主动控制喷油时间、压力与喷射量。与传统喷射系统相较，燃油直喷不受限于传统机械构造的进气方式，而且能够依照引擎所需随时调整空燃比等特点，均使其拥有无限的想象空间。

◆宝马 HPI 燃油直喷发动机和装备了 HPI 燃油直喷发动机的宝马 X6

自动泊车技术

科技是用来造福人类的，并让我们的生活变得更加简单快捷，车辆的自动泊车系统对于新手而言绝对是个好东西。对于许多新手尤其是女性驾驶者而言，停车入位是一件头痛的事，大城市停车空间有限，将汽车驶入狭小的空间已成为一项必备技能，很少有不费一番周折就停好车的情况。停车可能导致交通阻塞、神经疲惫和保险杠被撞弯。幸运的是，技术的发展为之提供了解决之道，这就是自动泊车功能。设想一下，您找到了一个理想的停车地点，不必再来回折腾，而只需轻轻启动按钮、坐定、放松，其他一切即可自动完成。在不久的将来自动泊车技术同样可以适用于主动避撞系统，并最终实现汽车的自动驾驶。

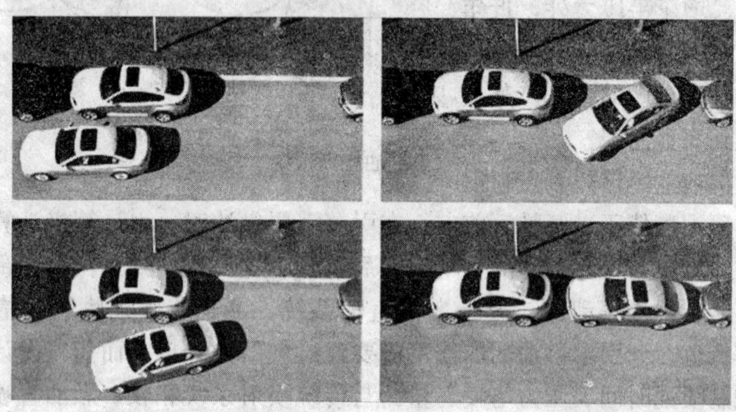

◆宝马新 5 系在车上装备了泊车辅助系统

ESP 车辆防侧滑稳定技术

电子稳定装置（ESP）是由著名的汽车零部件供应商博世发明的，奔驰汽车公司首先应用在它的 A 级车上。ESP 包含 ABS 及 ASR，是这两种系统功能上的延伸。因此，ESP 称得上是当前汽车防滑装置的最高级形式。ESP 系统由控制单元及转向传感器（监测方向盘的转向角度）、车轮传感器（监测各个车轮的速度转动）、侧滑传感器（监测车体绕垂直轴线转动的状态）、横向加速度传感器（监测汽车转弯时的离心力）等组成。控制单元通过这些传感器的信号对车辆的运行状态进行判断，进而发出控制指令。

◆ESP 越来越成为车辆的主流配置

有 ESP 与只有 ABS 或 ASR 的汽车，它们之间的差别在于 ABS 及 ASR 只能被动地作出反应，而 ESP 则能够探测和分析车况并纠正驾驶的错误，防患于未然。ESP 对转向过度或转向不足特别敏感，例如汽车在路滑时左拐转向过度时会产生向右侧甩尾，传感器感觉到滑动就会迅速制动右前轮使其恢复附着力，产生一种相反的转矩而使汽车保持在原来的车道上。当然，任何事物都有一个度的范围，如果驾车者盲目开快车，现在的任何安全装置都难以保障安全。

随速主动转向技术

从马车时代开始，车辆的转向装置就经历了很长的发展历程，如今，笨重的涡轮蜗杆结构大多已被紧凑、精确的齿轮齿条结构所取代，动力转向也已普及，就连可变助力转向也不算新鲜了。随着电子工业的发展，各种转向系统逐渐走上舞台。车辆在行驶时，主动转向系统能够在市区交通中确保最佳的驾乘舒适性，在车辆处

◆奥迪的动态转向系统

◆奥迪新 A4L 的转向装置

于静止状态下，方向盘止点间的操作比常规转向系统的三圈多减少到不足两圈。这意味着驾驶者在日常驾驶中几乎不再需要交叉双手转动方向盘，因此可以更加方便地操作方向盘上的按钮。德系的三驾马车，奔驰、宝马和奥迪分别发展了有自己特色的主动转向技术，这些技术虽不相同，但都是为了让驾驶更富有乐趣也更加轻松。

拓展思考

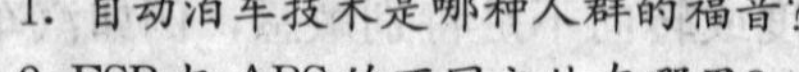
1. 自动泊车技术是哪种人群的福音？
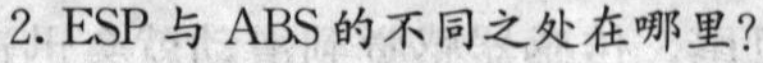
2. ESP 与 ABS 的不同之处在哪里？

长在天上的汽车眼睛
——GPS导航系统

经典电影《霹雳游侠》里主人公KITT是一辆超级智能梦幻车，KITT载着它的主人穿梭于闹市与荒野，以无比的勇气和超人的智慧打击犯罪，拯救善良无助的受害者。KITT几乎拥有无穷无尽的智慧，很多人都想拥有这样一辆超级车。尽管这样的车只是存在于电影情节里，但是汽车人一直都在追求这样的汽车，GPS导航系统就使这样的汽车的出现成为了可能。那么，就让我们认识一下神秘的GPS导航系统。

◆KITT

GPS发展很快，很多人都听说或见到了GPS产品。但仍有更多的人感到很疑惑，什么是GPS？什么是车载GPS？这是个很宽泛但又很基础的问题，但同时又是个很专业的问题，它既很前卫，又很专业。

车载 GPS 导航系统

车载 GPS 由“车载”和“GPS”两部分含义组成。“车载”顾名思义，就是装在车上或在车上使用的装置或操作，在汽车、火车、自行车、摩托车等车上均可使用。GPS 就是全球卫星定位系统，这个系统就是 24 颗地球卫星，这 24 颗卫星中有 21 颗可以正常运行，能对整个地球任何一个裸露的地方进行定位，目前只有对山洞和隧道还难以定位。

车载 GPS 就是与车有关的卫星定位技术。最为常见的就是小汽车和大型货运车辆上用的 GPS 产品。目前大家所用的车载 GPS 主要就是指汽车上用的卫星定位产品。

车载 GPS 的两个主要用途就是定位监控和导航。由于导航方面民用比较广，所以大家一提起车载 GPS 也就是在说汽车里用的车载或便携的 GPS 导航仪。城市路况日渐复杂，为汽车装备一部精准的 GPS 卫星导航设备已成为不少驾车族的新选择。

◆奥迪车载 GPS 导航仪

知 识 窗

GPS是英文Global Positioning System（全球定位系统）的简称，而其中文简称为“球位系”。GPS是20世纪70年代由美国陆海空三军联合研制的新一代空间卫星导航定位系统。其主要目的是为陆、海、空三大领域提供实时、全天候和全球性的导航服务，并用于情报收集、核爆监测和应急通讯等一些军事目的，是美国独霸全球战略的重要组成。

GPS导航仪

GPS导航仪近年来在市场上兴起，它的出现为人们的出行带来了很多便利。抛开厚重的地图，驾驶者只要将目的地输入汽车导航仪中，系统就会根据内置的电子地图自动计算出最合适的路线，并在车辆行驶过程中随时提醒驾驶者注意行程。在整个行驶过程中，驾车者根本不用考虑路线问题，即便是在完全陌生的城市，导航仪也会自动带领驾驶者行至既定目的地。

GPS车载导航系统主要由主机、显示屏、操作键盘（遥控器）和天线组成。它实现了野外踏勘、出游旅行的数字化智能导航。它具有准确的地图、地理信息，清晰的行进路线，全球全天候适时性的应用，卫星资源更使用户随心所欲，畅心使用，多种的数据信息，包括位置坐标，航行路程、时间、方位、偏航方位角、偏航距离，预设报警。GPS汽车应用系统的前途似乎是无可限量，技术进步带来的梦想也是没有止境的。GPS汽车导航系统将为地球表面上每一块土地提供一个全新的、瞬时可知的地址。

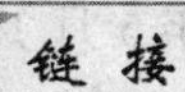

链 接

GPS地图是随着计算机技术的发展而产生的一种崭新的地理信息载体，GPS地图脱胎于地图，将地图以数字的方式存储呈现。GPS地图具有显示、传输和分析的功能可以提供比传统地图更佳的呈现方式，如放大、缩小、漫游、搜索以及路径规划。

知 识 点 击

车载导航系统的最新发展趋势是利用蓝牙（Bluetooth）无线技术，接收车载GPS传送过来的信号。这样，车载系统只需要接收和处理卫星信号，显示装置则负责地图的存储和位置的重叠。所以，如果已经有了掌上型电脑，只需要购买一个信号接收器和成图软件就可以使掌上电脑做到一机多用。其实，很多手机已经具备了GPS的功能，若是加上了地图的重叠功能，就可以变成一套移动导航系统。

全球四大GPS系统

◆美国GPS卫星模拟图

美国GPS：它由美国国防部于20世纪70年代初开始设计研制，于1993年全部建成。1994年，美国宣布在10年内向全世界免费提供GPS使用权，但美国只向外国提供低精度的卫星信号。

欧盟“伽利略”：1999年，欧洲提出计划，准备发射30颗卫星，组成“伽利略”卫星定位系统。

俄罗斯“格洛纳斯”：尚未部署完毕。始于20世纪70年代，需要至少18颗卫星才能确保覆盖俄罗斯全境；如要提供全球定位服务，则需要24颗卫星。

中国“北斗”：2003年我国“北斗一号”建成并开通运行，不同于GPS，“北斗”的指挥机和终端之间可以双向交流。2008年5月12日四川大地震发生后，北京武警指挥中心和四川武警部队运用“北斗”进行了上百次交流。北斗二号系列卫星2009年起进入组网高峰期，预计在2015年形成由三十几颗卫星组成的覆盖全球的系统。2010年1月17日零时12分，我国在西昌卫星发射中心用“长征三号丙”运载火箭，将第三颗“北斗”导航卫星成功送入预定轨道。

1. 汽车全程导航是怎么实现的？
2. 全球定位技术可以对地球上任何一个位置定位吗？
3. 卫星定位是怎么确保定位准确的？

不再单调的汽车食谱
——新能源汽车

汽油和柴油现在仍是驱动汽车的主要能源，但是随着传统燃油价格的上升以及对石油资源最终枯竭的担心，人们对开发和推广各种替代能源的努力也在加快。目前已投入使用并为人们熟知的有氢燃料电池汽车、天然气汽车、混合动力汽车和电动汽车。其实，人们开发新能源的努力远不止这些。汽车的“食谱”除了汽油和柴油、氢燃料、电力、天然气等，还有甲醇、乙醇、丙烷、生物柴油、太阳能等。

◆比亚迪DM电动车搭载的是具有自主知识产权的铁电池，实现了高容量、高安全和低成本的重要突破，为DM双模电动车的市场化铺平了道路。

◆莲花Exige 270E可以使用传统汽油或者甲醇、乙醇三种燃料驱动

甲醇汽车

甲醇也被称为木精，是一种酒精燃料，现在世界上绝大多数的甲醇都是从天然气中制备而来的。当然，从煤或者玉米、豆子等非石油原料中也可以制备出甲醇。甲醇的能量密度只有汽油的60%，但是甲醇在发动机中的燃烧效率更高。

以甲醇作为汽车燃料的努力

可以追溯到 20 世纪 70 年代的第二次石油危机。从替代能源的角度考虑，德国、美国、日本等国先后投入了大量的人力、物力对如何将甲醇燃料应用到汽车中进行研究。甲醇汽车中最著名的是美国福特公司生产的甲醇 M85（含有 85％的甲醇和 15％的汽油）汽车。为了研究甲醇 M85 燃料的实际使用情况，福特公司专门建立了几个以甲醇 M85 为燃料的试验车队。为了不受加油站少的限制，福特公司后来又开发了可使用汽油或者甲醇与汽油以任意比例混合的燃料的汽车。德国也组织了甲醇汽车车队，德国大众汽车公司还在中国建立了甲醇 M100 汽车车队。

不过，国外越来越多的人反对使用甲醇作为汽车燃料，主要原因是甲醇腐蚀性比较大，汽车的耐久性（16 万千米）得不到保障。此外，由于甲醇有毒，使用不慎容易对人体造成伤害或致人死亡。1998 年后美国甲醇燃料汽车和甲醇燃料都在减少。各汽车生产商都开始停止生产甲醇汽车，福特公司从 1998 年也停止了生产甲醇 M85 汽车。

既然甲醇有争议，是不是可以试下乙醇呢？在瑞典乙醇发展基金会的鼓励下，20 世纪 90 年代中期，福特公司出口到瑞典的 45 辆甲醇 M85 汽车开始尝试使用乙醇作为汽车燃料。虽然这批汽车是专门按照甲醇 M85 制造的，但是因为甲醇和乙醇具有相似的化学和物理性质，所以最终也成功地以含有 85％乙醇的混合燃料 E85 作为汽车燃料发动了起来。乙醇汽车直到今天还在世界各地生产。

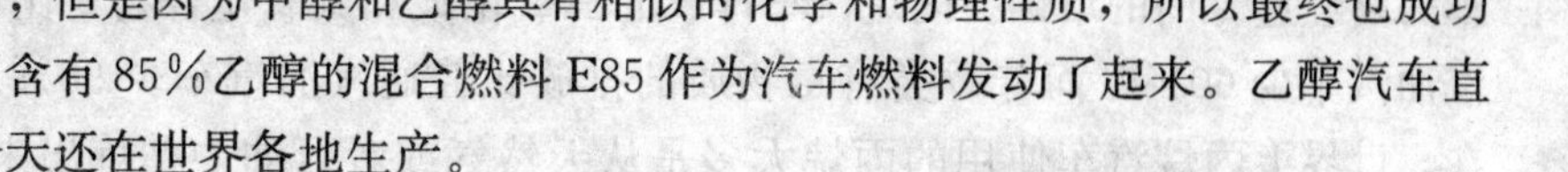

小知识

甲醇用途广泛，是基本有机化工原料和优质燃料。主要应用于精细化工，塑料等领域，用来制造甲醛、醋酸、氯甲烷、甲胺、硫酸二甲酯等多种有机产品或是农药、医药的重要原料之一。甲醇在深加工后可作为一种新型清洁燃料或加入汽油掺烧。

科技文件夹

我国从20世纪70年代就开始较系统地研究甲醇燃料了，国家科委早在“六五”期间就进行了M15甲醇掺烧汽油的研究、示范工作，曾在山西省进行过475辆M15汽车和4个加油站的商品化试验。“七五”期间，国家科委组织了十几个单位进行高比例甲醇的试验研究。

2001年6月，大同汽车制造厂试制成功M100全甲醇清洁燃料燃烧装置。该装置已在夏利、捷达、6490型越野车和6600型中巴车试用。目前M15汽油是在山西的甲醇汽车运行中主要采用的标准。山西省已经走过20多年甲醇研发、生产、应用的曲折道路，目前“在煤基甲醇燃料领域属于领先者”。

丙烷汽车

丙烷就是众所周知的液化石油气，自20世纪20年代以来它就被当作汽车的燃料使用。现在，单在美国就有至少20万辆丙烷汽车在使用，而全世界的丙烷汽车大概有900万辆。丙烷汽车使用特殊设计的燃料系统，只能使用丙烷或丙烷与天然气的混合燃料。丙烷非常安全，但是驾驶丙烷汽车需要经过专门的培训。丙烷汽车排放的二氧化碳和氮氧化合物要比普通汽油汽车少60%，而芳香类有毒物质的排放比普通汽油汽车少98%。现在，世界上丙烷汽车使用的丙烷大多是从天然气或者石油中精炼出来的。丙烷汽车的动力、加速性能和行驶速度都可以和传统的以汽油为燃料的汽车相媲美。

生物柴油汽车

生物柴油是以大豆和油菜籽等油料作物、油棕和黄连木等油料林木果实、油料水生植物以及动物油脂、废餐饮油等为原料制成的液体燃料，是清洁的可再生能源和优质的传统柴油代用品。生物柴油和传统的柴油具有相近的物理特性。

在传统柴油发动机中使用生物柴油可以大大减少未充分燃烧的碳氢化合物、硫化物、多环芳香烃、硫、铅、卤素、黑烟、微粒等有害物质的排

放。混合越多的生物柴油，就越能减少有害物质的排放。在使用纯生物柴油时，有害排放物的减少效果最好。生物柴油的主要优点之一是它可适用于现有的引擎。

不过，生物柴油的运输和储存需要特殊手段，而且使用时会增加氮氧化物的排放。

◆生物柴油车 KOENIGSEGG

万 花 筒

幸运的马可尼

自 1994 年开始，生物柴油已经开始作为燃料供给普通柴油机。采用生物柴油的柴油机点火快，引擎杂音少。与普通柴油相比，生物柴油可提供同样的动力。生物柴油比普通柴油具有更大的润滑性，可减少引擎的磨损与划痕，最终降低柴油车队的维护费用。即使混合 1%的生物柴油，也可以大大提高普通柴油的润滑性。

太阳能汽车

和传统的汽车不同，太阳能汽车没有发动机、底盘、驱动、变速箱等构件，而是由电池板、储电器和电机组成，车的行驶只要控制流入电机的电流就可以解决，全车主要有 3 个技术环节，一是将太阳光转化为电能，二是将电能储存起来，三是将电能最大程度地发挥到动力上。最早的太阳能汽车是在墨西哥制成的。

◆太阳能汽车

这种汽车，外形像一辆三轮摩托车，在车顶上架有一个装太阳能电池的

大棚。

目前太阳能汽车的造价大多在100万元以上，只适用于试验研究之用。据业内专家预计，太阳能汽车走入现实生活中，还至少需要30～50年时间。但随着全球经济和科学技术的飞速发展，从国内到国外，我们可以预见，太阳能汽车作为一个产业已经不是一个神话。在节能减排要求越来越高的今天，新能源汽车为汽车行业的发展指明了新方向，而突破科技瓶颈，发展太阳能汽车，使太阳能汽车正式走入人们的生活，则是未来汽车发展的必然趋势。

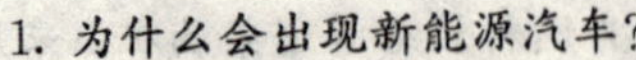

1. 为什么会出现新能源汽车？

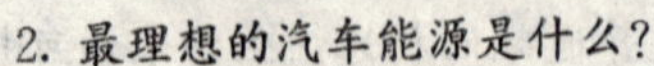

2. 最理想的汽车能源是什么？

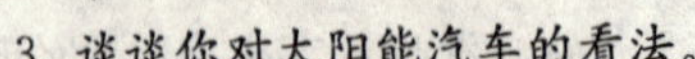

3. 谈谈你对太阳能汽车的看法。

下山的猛虎
——SUV

◆军用吉普车

近些年汽车界来了一位新锐——SUV。虽然SUV的历史不长，但其血脉却赫赫有名。SUV的概念可以追溯到二战美军横扫欧洲大陆时的坐驾——军用吉普车。吉普车迅捷有力，粗犷豪迈，但求实用，不甚讲究细节；从吉普车到SUV，是一个突变般的进化过程，SUV的特点是强动力、越野性、宽敞舒适及良好的载物和载客功能，也有人说，SUV是豪华轿车的舒适精细加上吉普车的本性。那么就让我们来认识一下这只下山的猛虎。

SUV

◆Jeep Wrangler 牧马人双子版

SUV的全称是 Sport Utility Vehicle，中文意思是运动型多用途汽车。主要是指那些设计前卫、造型新颖的四轮驱动越野车。SUV一般前悬架是轿车型的独立悬架，后悬架是非独立悬架，离地间隙较大，在一定程度上既有轿车的舒适性又有越野车的越野性能。

由于带有MPV式的座椅多组合功能，使车辆既可载人又可载货，适用范围广。

SUV的优势

◆悍马

SUV具有两大特点：一是运动性，也就是要能跑，不仅加速快、极速高，而且通过性高，适应能力强；二是功能多，也就是说不仅能载人，具有较强的舒适性，而且载货能力强，并具有较强的牵引能力。

越野车的最大特点是通过能力较强，同时也具有一定的载货能力，但运动性、舒适性并不突出；把越野车的这些不足加强后，就可称之为SUV。随着汽车的发展，纯种的越野车越来越少，有向SUV进化的趋势。因此，很难断定某辆车是SUV，还是越野车。

代表车型

常见的SUV类型车有克莱斯勒SUV、道奇酷威、奥迪Q7、宝马X5、本田CR－V、保时捷一卡宴等。世界顶级SUV以美国的吉普大切诺基、英国的路虎揽胜、德国的奔驰ML级为代表，它们已成为富有阶级的标志之一。

◆宝马X5

比较热门的车型有一汽丰田RAV4、长城SUV、东风日产奇骏、广汽丰田汉兰达、东风悦达起亚狮跑、奇瑞瑞虎、北京现代途胜、东风本田CRV等、奇瑞威麟的X5（非承载式底盘的纯粹越野）、江淮瑞鹰等。

SUV 引领时尚

所谓纯越野车就是准军事用途、可改装的车辆，如奔驰 G 级、JEEP 牧马人，美国的 JEEP、英国的路虎，纯越野车本身没有太多的电子零件，即便是拆卸、改装都没有关系。而消费者们则不必把高端越野车的亮点强加于普通的 SUV 身上，像大切诺基、宝马 X5 这些车都是没有大梁的 SUV，采取一体化车身、独立避震式，这些车实际上不适合极限越野，也不适合牵引，但对于经常跑城市道路的人来讲，足够用了，更何况大部分的消费者越野的机会并不多，而这种 SUV 通常外形更加时尚、夺目，只是不便于改装而已。总之，兼顾了驾驶者对舒适性、越野性和多功能性的多方面需求，就是对 SUV 概念最贴切的诠释。

◆大切诺基

混合、迷你 SUV

经常看越野者车队比赛的人一定都知道江铃陆风这款车。江铃陆风是介于吉普和 SUV 之间的车，如美国牧马人也属于此类车。这种吉普混合多用途车辆，其特点是轮距短，很适合那些折衷主义者，他们既想拥有 SUV 的舒适、时尚，又想感受吉普车的越野性能，那么选择这种“混合 SUV”是最适合不过的了。

MINI（迷你）城市 SUV 更能赢得时尚人士的青睐。这种迷你 SUV 适合那些追求标新立异的人，开上一辆迷你 SUV，可以使

◆迷你 SUV

你的回头率上升到百分之百。迷你 SUV 一般是三开门的，具备可摘卸天窗，集运动多用途和时尚为一体。像本田的 CR－V、路虎的 FREELANDER2（神行者 2）、丰田 RAV4 就是现代中小型 SUV 的代表。

诠释 SUV 的另类

SUV 车型和越野车越来越难以区分，越野车也在舒适性上有所提升，个别的 SUV 也有采用非承载式车身和差速锁的。其实，只要看它们的用途，就很容易分辨清楚：越野车主要是行驶在非铺装的路面，而 SUV 主要是行驶在城市道路上，对于非铺装的路面并没有多少行驶能力。

SUV 是在 1991、1992 年的时候才开始在美国真正兴起，1998 年，SUV 的概念进入中国。20 世纪 50 年代至 80 年代的旅行车在美国都非常盛行，以舒适性和多用途性赢得称赞；而越野车相对笨重，油耗又大，最后就产生了 SUV 的概念，它是作为旅行车和越野车的结合体发展起来的。SUV 的底盘高，有大梁，可以牵引，后行李箱的空间同样宽大，SUV 是集越野、储物、旅行、牵引多种功能为一体的，所以称之为运动型多功能车辆。

万花筒

SUV 车型早期雏形是二战时期的吉普车，而第一代 SUV 则是克莱斯勒于 20 世纪 80 年代生产的“切诺基”。但 SUV 的概念成为全球时尚是在后期，确切地说，是在 20 世纪 80 年代末期、90 年代初期才开始流行 SUV 的，甚至在 1983、1984 年的时候还是把切诺基称作越野车而不是 SUV。SUV 的特点是动力强、越野性、宽敞舒适及良好的载物和载客功能。可以爬坡的叫吉普车，最有代表性的是第二次世界大战时英国的陆虎和美国的吉普（Jeep）。

追溯 SUV

SUV 概念的真正创始车型是美国克莱斯勒出品的“切诺基”。“切诺

◆4×4 全地形跑车

基”的设计理念是脱胎于越野车只强调通过性的概念，主要提高了车辆的舒适性，去掉以往越野车沉重的非承载式车身，引用了轿车的设计理念，换成轻盈的像绝大部分轿车一样的承载式车身结构，但又不完全牺牲越野性能，依旧有比较强的动力，采用 4×4 的驱动形式，主要是强调了舒适性。

在发源地美国，2003 年以后，SUV 一直稳占畅销车型的首位，这都是因为它既适合城市行走，又适合野外奔驰，而且很好地迎合新一代追求张扬、热爱亲近自然的个性。

SUV 进入中国市场后，以较高的性价比赢得了众多消费者的青睐。尤其是 2003 年 SUV 更成为汽车市场的最亮点，甚至有业内人士惊呼 2003 年是中国的 SUV 元年。SUV 新车型如雨后春笋般涌现，销量也如芝麻开花节节高。

1. SUV和吉普车有哪些区别?
2. SUV可以胜任高强度越野吗?
3. SUV与普通轿车有什么不同?

汽车家族中的高科技奇葩——军用汽车

古今中外的战争实例表明，决定战争胜负的关键因素除了部队的战斗能力和决策指挥之外，另外一个重要方面就是军队的机动能力。优越的机动能力能将一定的兵力发挥数倍的效能。所以，古人云：兵贵神速。

要做到这一点，必须要有与之相适应的交通工具。地面战斗中，部队的进攻、转移和后撤，武器、弹药和供给的运送；海空军种的地勤支持，都少不了汽车运输，更何况有的汽车本身就是战争的一种武器。

军用汽车的性能

由于军用汽车的特殊使用条件与使用要求，或高温与严寒、或沙漠与雪地、或崎岖山地、或泥泞地带……因而对军用汽车的性能与结构都提出了一系列苛刻的要求，如高越野性、对气候环境的高适应性、高动力性、高可靠性等。

链 接

汽车的最大爬坡度，是指汽车满载时在良好路面上用第一档克服的最大坡度，它表征汽车的爬坡能力。爬坡度用坡度的角度值（以度数表示）或以坡度起止点的高度差与其水平距离的比值（正切值）的百分数来表示。

高动力性

军用车辆，特别是在阵地作战与前线活动的车辆，必须具有高动力性：起步迅速、加速度快、爬坡能力强、车速高。满载状态时的最大爬坡度一般要求达到60度。

高可靠性

现代战争的高速化越来越凸显出来，战斗的得失与胜败常取决于速度的高低、时间的准确，因而要求车辆永远处于技术良好状态，可以随时起动行驶，行驶中则不允许出现停车故障。多车种、多兵种的联合作战行动，任何一辆车发生故障停驶，对一场战斗都可能造成重大损失，整车必须工作可靠。

高适应性

军用车辆必须能够适应战争没有地域或季节限制的特点，要能在高温、干旱、沙漠地带连续行驶，也要能在严寒、雪地正常行驶，并能随时起动，橡胶件、塑料件在低温下不致脆化破碎；油料要保持正常的流动黏度；蓄电池及电器元件都要保持正常性能。在湿地地带、沿海地带，要具有抗潮湿、抗海水、抗盐碱腐蚀的能力。在多风的沙漠地带，则要求有更强的空气滤清能力。

高越野性

军用汽车采用全轮驱动和大花纹轮胎，以提高在松软地面上的驱动力和防打滑，并且采用等距轮，以减少行驶阻力。要求有较大的接近角、离去角和离地间隙，以便于通过陡坡、突起或泥泞深陷地段。一些前沿战斗

车辆多采用风冷发动机，以适应战地的缺水、无水状态。

对于必须通过松软土质、浮沙地面的车辆，则必须装设轮胎充放气控制系统。此外，战车还要具备防火、防沙、防毒、防空、防化、防原子辐射等功能。

总之，由于军用汽车大量采用了科学技术的最新成果，因而具备了许多特殊性能，在战争中披荆斩棘，翻山越岭，成为一支战斗力很强的队伍。

小知识

风冷发动机，是以空气作为冷却介质的发动机。它在气缸及缸盖的外壁铸造出一些散热片，并用冷却风扇使空气高速吹过散热片表面，带走发动机散出的热量，使发动机冷却。

风冷发动机的特点是结构简单，质量轻。维护使用方便，对气候变化适应性强，起动快，不需要散热器。因此它被一些军用汽车和个别载货汽车采用。风冷发动机大量用于摩托车，使摩托车不必安装散热器。风冷发动机还用于缺水地区，因为它不用水作冷却介质。它的缺点是缸体和缸盖刚度差，振动大，噪声大，容易过热。

军用汽车大观

军用运输车

军用车辆中的运输汽车，用来运送前方物资和人员。对于靠近前线的运输汽车，其越野本领都较强，可以和火炮牵引车比高低，而担任后方运输的汽车，大多选用民用运输汽车。

第二次世界大战后，在军用运输汽车中出现了一个新成员，它就是小巧玲珑、越野能力强的小型军用运输汽车。人们给它起了一个很形象的名字——“机械骡”，因为它很像一头力气大而又机敏的骡子。这种汽车适合在前线战壕附近进行运输。由于它的个头小，机动性好，所以也适于空运和空投。它的车轮较小，车身也较低，载重仅 500 千克左右。机械骡的

◆北约军用重型卡车

这种特殊身材，为驾驶它提供了方便。驾驶员既可以像平常开车那样坐在驾驶位置上操作，也可以在车旁走着开车，甚至还可以在地上匍匐前进着开车，从而能在敌人的炮火下进行运输，保证战斗人员对弹药和食品的需要。

船形汽车

像笨重的水陆两用坦克能在水中行驶一样，早在第二次世界大战以前就出现了水陆两用汽车，并在作战中得到使用。

这种汽车的车身制作成船形，并装有与船相类似的推进器和舵等。因此，它既能在陆地上用车轮奔跑，又能像船一样在水中航行。它的这种特长加上有较好的机动灵活性，很适合舟桥部队使用。

◆水陆两栖战车

牵引车与运载车

在天安门广场盛大的阅兵典礼上，我们可以看到一排排闪着绿色亮光的大炮，伸着长长的炮管，在汽车牵引下整齐一致地驶过检阅台，显得格外气派。还有那几十米长、几个人都抱不拢的巨型导弹，分成几大段躺在专用的大型拖车上，在雄壮有力的进行曲中缓缓行进，特别引人注目。

这里所说的用来牵引大炮以及雷达、指挥仪等武器和装置的汽车，就是军用车辆中的一个重要成员——牵引车。用来运输导弹、坦克这类特别长、特别重的武器装备的汽车，人们叫做运载车，它也是军用车辆大家族中不可缺少的成员。这两种汽车所牵引和运载的武器装备，个个体大、身

重，有的个子还特别高，所以它们力气大得很。

越野车

军用汽车大家族中的成员，大都具有一定的越野行驶能力。也就是说，这些汽车能在质量很差的路面或者根本没有路的地区和战场上行驶，因而有着能“吃苦耐劳”的本领。后来，为了满足作战的需要，又出现了一种越野能力更强的军用汽车，它就是通常所说的军用越野汽车。

◆美国 M—38A1 军用吉普车

“吉普”的名字是根据英文“Jeep”一词翻译而来的，原文的意思是指“小型越野汽车”。实际上，吉普车不只是小型的，越野汽车有三位弟兄，载重能力各不相同。载重能力大的，叫做重型越野汽车；载重能力小的，叫做轻型越野汽车；而居于轻、重之间的，叫做中型越野汽车。

美国制成一种“高机动多用途轮式车”，称为高机动多用途吉普车，它属于轻型越野汽车一类。说到吉普车，很多人都见到过这种轻便而坚固的小型汽车，它跑的速度较快，能在高低不平的路上行驶。北京就有一个专门生产吉普车的汽车厂。

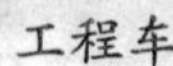

工程车

◆火箭布雷车

在炮火连天的战场上，士兵们不只是端着枪射击，扔手榴弹，或者跟在坦克后面向敌人冲杀，他们还要抓紧时机挖战壕、埋地雷、修路，遇到江河还要架桥等等。现在有些地雷虽然不用埋了，但还要去布雷。

从古代战争到第一次世界大战，战场上的这些任务几乎全靠人力来完成。后来，由于汽车和内燃机问世，人们才逐渐制成了各种工程机械。为了适应战场上的需要，这些工程机械都是用车运载的，所以将它们叫做工程车。它们是军用车辆中的多面手，具有许多特殊的“才能”。

在第二次世界大战中，工程车得到了使用，并开始受到军事家们的重视。于是相继出现了挖壕车、架桥车、布雷车、筑路工程车、修理工程车许多性能优良的工程车，并已装备部队使用。

救护医疗车和野战炊事车

战场上作战，随时都会出现受伤人员，有时伤势还很危急严重。所以，在汽车问世不久的第一次世界大战中，汽车就被用来进行医疗救护。于是，救护医疗车就正式诞生了。

现代战争对救护医疗车要求更高了。例如，要求它既能在前线的枪林弹雨中进行救护，又能随时渡过江河将伤员迅速送到后方。这样，救护医疗车就必须具有较好的越野性能。在这种情况下，一些国家的军队里就配备了有装甲防护的水陆两用救护车。

行军、作战也得吃饭。“人是铁，饭是钢”嘛，不吃饭哪来的劲打仗呢？可是，在战场上过去一直是采用“埋锅做饭”的老办法。这样，就需要使部队耽误较长的时间。有时情况紧急，就顾不上做饭、吃饭，影响部队的作战。甚至还可能会失去战机，造成不应有的损失。

◆医护车

野战炊事车在行军途中就可以完成许多烹调前的准备工作，一个连队配备一辆野战炊事车，即可满足全连的生活需要。还有一种野战面包车，每小时可加工制作 50 多千克面包、糕点或烤饼，足够一个营的人员食用。

1. 军用汽车有哪些特殊性能？
2. 细数一下有哪些军用汽车？
3. 未来战场上还需要什么性能的战车？

汽车“模特”大赛
——车展

作为一种专业展览，汽车展览会不仅是交通工具的展示，更是汽车制造商宣传品牌、展示最新汽车科技、发布新车的最佳场所，是真正的汽车峰会。通过车展可以看到全球汽车行业发展的前景和未来的走向，因此国际汽车展览正越来越受到重视，也越来越受到汽车爱好者的关注。

车展概述

通常来讲，大多数汽车展览会是每年或每两年举行一次。有些车展的影响力越来越大，对全世界汽车工业发展起到推动和促进作用；而有些车展则更具本土特色，成为当地车迷和购车者心仪的文化消费场所。

车展是展示汽车企业品牌文化、最新研发成果的一个平台。而要真正衡量某一车展是否为国际一流的汽车展览会，主要依据包括：参展商的规模和级别、汽车展品的档次、全球首发新车的数量和质量、亮相的概念车质量、展出面积、配套设施的先进性和完备性、主办方的服务质量、国内

外媒体的宣传报道量、观众数量和专业水平等等。

北美车展、日内瓦车展、法兰克福车展、巴黎车展和东京车展中最短的也有50年以上的历史，他们都对世界汽车的发展起到了推动和促进作用。无论是在参展商的规模和级别、汽车展品的档次、首次亮相的新车和概念车的数量，还是在场馆面积、配套设施的先进性、完备性和主办方的服务质量上都堪称国际一流，因此成为世界上公认的最具水准的五大车展。

万花筒

世界“五大车展”

目前被公认的国际车展共有5个，法国车展、德国法兰克福车展、瑞士的日内瓦车展、北美车展和日本东京车展。

北美车展

北美车展是美国创办历时最长、规模最大的车展之一。北美车展的“时装味”很浓，几乎成了概念车的天下，全球所有大汽车公司都会利用这一平台推出自己的概念车。千奇百怪的设计，在北美车展上都能见其身影，因此给人以科幻、离奇甚至怪异的感觉。

北美车展的前身是美国底特律国际汽车展览会，创始于1907年，每年1月初举行，至今已有近百年历史。底特律车展于1989年更名为北美国际汽车展，曾一度是唯一一个被国际汽车制造商协会批准的美国车展。

1907年，首届底特律车展在底特律的花园酒店举行，自1965年开始，车展迁移到现在的底特律科博会展中心。该会展中心是世界上最大的平面室内展览会场之一，可同时容纳上万名参观者。

从历史角度来看，北美车展的前身——“底特律车展”就是由底特律汽车经销商协会主办的。1907年，首届底特律汽车展的主办方——五家当地的汽车经销商，在发起组织汽车展览的同时，还建立了底特律汽车经销商协会。如今，该协会已拥有超过250家的成员单位。协会的一大主要目标就是提高汽车在整个国家甚至世界经济发展中的地位。

日内瓦车展

日内瓦车展创始于 1924 年，从 1931 年起，每年在瑞士日内瓦举办。日内瓦车展是最受传媒关注的汽车盛典，它是全球各大汽车制造商发布新品最多的车展，也是专业汽车人士的最佳聚会场所。日内瓦车展之所以成功，就在于它的定位是概念展示而非单纯的推销汽车，许多厂商甚至把新品推迟到日内瓦车展发布。

日内瓦车展地点是日内瓦 Palexpo 会议展览中心。日内瓦是一个历史悠久的国际都市，也是世界钟表之都，它以其深厚的人文主义传统、多彩多姿的文化活动、重大的会议和展览会、令人垂涎的美食、清新的市郊风景及众多的游览项目和体育设施而闻名于世。

日内瓦车展由一些爱车人士以自发方式小规模参展。1982 年，政府出面创立 Orgexpo 基金会，旨在新的 Palexpo 会议展览中心更好地组织各种展览。那一年，国际车展基金会作为 Orgexpo 的第一个客户，将它所有的职员、设备交由 Orgexpo 基金会调配和管理。自那时起，Orgexpo 基金会成立日内瓦车展筹办的代理机构，而国际车展基金会仍是车展的主人。

东京车展

东京车展素以规模大、注重新产品新技术的推出、展出产品实用性强而闻名于世，车展的突出特点是车型种类繁多，这恰恰体现了日本人的细腻。由于市场竞争激烈，精明的日本车商早已把市场细分成了无数个小块，甚至以性别、年龄层次和特殊需求在同一平台上设计不同的车型。

东京车展自创办以来，一直到 1997 年都采用含乘用车、摩托车、商用车在内的综合车展的形式。而自 1999 年开始，车展将乘用车、摩托车和商用车进行分离，奇数年举办乘用车和摩托车车展，偶数年举办商用车车展，交替举办，并选择在金秋 10 月举行。

东京车展的举办地在位于东京附近的千叶县幕张国际展览中心，是目前世界最新、设施最好的展览中心。

日本汽车工业协会举办东京车展旨在促进日本汽车产业的健康发展，从而为经济发展和国民生活水平的提高作出贡献。为顺利开展业务，协会在理事会下设常任委员会、10 个一般委员会、3 个车型委员会以及车展特别委员会，分别开展各自的调查、研究等活动。协会在北美、欧洲、亚洲均设有海外事务所。

法兰克福车展

德国是世界上最早办国际车展的地方。法兰克福车展前身为柏林车展，创办于1897年，1951年移到法兰克福举办，每年一届，轿车和商用车轮换展出。法兰克福车展是世界上规模最大的车展，有“汽车奥运会”之称。法兰克福国际车展一般安排在9月中旬开展，为期两周左右。参展的商家主要来自欧洲、美国和日本，尤其以欧洲汽车商居多。法兰克福地处德国，唱主角的自然是德国企业，这似乎与底特律车展、东京车展的地域性同出一辙。德国是现代汽车的发祥地，是奔驰公司、大众公司、奥迪公司这些老牌公司的老家，法兰克福车展正是他们一展身手的好机会。

巴黎车展

作为浪漫之都的巴黎，它的车展如同时装，总能给人争奇斗艳的感觉。该展起源于1898年的国际汽车沙龙会，直至1976年每年一届，此后每两年一届，9月底至10月初举行。1998年10月，巴黎车展恰逢百周年纪念欧洲车迷期待很久的巴黎“百年世纪车展”以“世纪名车大游行”方式，让展车行驶在大街上供人观赏。法国的汽车设计一向以新颖独特著称

于世，富于浪漫和充满想象力的法国人，总是在追求最别具一格的车型、风一般的速度和最舒适的车内享受，这些法国人的嗜好，都在巴黎车展中显露无遗，使得巴黎车展始终围绕着“新”字作文章。与此同时，巴黎车展也是概念车云集的海洋，各款新奇古怪的概念车常常使观众眼前一亮。第一届巴黎车展共有 14 万人参加。2000 年，参展人数增长了 10 倍，达到了 140 万人，其中包括来自 81 个国家地区的 8500 名记者。2002 年法国巴黎国际车展持续 16 天，迎来全世界 5000 多名记者和 125 万观众。据统计，巴黎车展直接收入约 85 亿法郎，实现交易额 1500 亿法郎。

拓展思考

1. 世界上最早的汽车组织是哪一个？
2. 展出科技最新最多的车展是哪个？
3. 最近一次上海车展是在哪一年？

惊险刺激的金刚游戏——汽车竞赛

◆F1 赛车

随着汽车工业的发展，人们不断追求着汽车的速度和耐久，不满足于仅仅将它作为交通工具，而是将它作为体育比赛的工具。世界上的汽车比赛五花八门，千奇百怪，诸如一级方程式汽车赛、世界拉力锦标赛、勒芒 24 小时耐力赛等，恐怕这些汽车大赛是最惊险、最昂贵、最具观赏性的赛事了。

既然是惊险、昂贵，为什么那么多车手仍然那样勇猛顽强地参加比赛，汽车厂家仍然不惜巨资地打造比赛呢？那就让我们来了解一下这些汽车竞赛吧！

国际汽车运动联合会

在 1904 年之前，每个国家或者是任何一个汽车俱乐部都可以随意组织汽车比赛，且各自使用自己的一套规则。当时最有影响的一些汽车俱乐部为了保持汽车赛事的繁荣局面，决定成立一个国际组织，由它指定通行的规则，适用于国际性的汽车比赛。这样，国际汽车联合会由此应运而生了。

国际汽车运动联合会简称国际汽联。现有协会会员125个。目前属于国际奥委会临时承认的国际单项体育联合会，总部设在巴黎。中国汽车运动联合会于1983年加入国际汽联。

◆卡丁车赛

该联合会负责与汽车比赛有关的一切事宜，如道路安全、环境、弯道、机动性及车辆使用人员的保护等。该联合会也负责全世界赛车运动的组织，管理所有用四轮或四轮以上的陆地车辆进行体育运动，如世界一级方程式锦标赛、弯道车、汽车拉力赛、卡丁车、赛车场比赛、丘陵赛、冰上赛车、太阳能电动车赛、老式汽车赛等。

方程式赛

“方程式”原义指“规则与限制”，于1904年被国际汽联采用，专指一类赛事。在这类赛事中，所有赛车必须依据国际汽联下属机构国际汽车运动理事会所颁布的规则制造，包括赛车的最小长度、宽度、最小质量、发动机排量的大小、轮胎的尺寸等。

◆F1赛车

当前，国际汽联只为三个方程式赛事制定官方规则：F1（一级方程式，发动机排量在2006年改为2.4L）、F3000（方程式3000，排量3.0L）和F3（三级方程式，排量2.0L），三个赛事以F1的级别最高，依次递减。这其中，只有F1由国际汽联包揽一切赛事安排工作，因而，F1的全称是“国际汽联一级方程式汽车锦标赛”。

除此之外，赛车界还有很多种“方程式”，不同的汽车厂商，都可以自己制定技术规则，举办自己的“方程式”比赛，如宝马方程式、福特方程式等。按照赛车的类别，还有卡丁车方程式比赛等。

耐力赛

汽车耐力赛是一种长时间耐久性的汽车比赛。比赛车辆分为旅行车和运动原型车两类，并根据发动机的排量分为若干级别。耐力赛至少是 3 小时比赛，最多为 24 小时的连续作战。目前世界上有四项经典耐力赛，每项耐力赛都有自己的规则和不同的赛事推广者，而且汽车制造商对不同的耐力赛的介入程度也不一样。最著名的耐力赛当属法国勒芒 24 小时车赛，它是世界上最古老和最具传统的耐力赛事。另外，国际摩联组织的世界耐力锦标赛、美国的印地赛等都是声名在外的耐力赛事。

◆夜间勒芒 24 小时赛

拉力赛

1911 年，摩纳哥首次举行从欧洲十国首都到该国首都蒙特卡洛的长途汽车越野赛。这次比赛以“Rally”命名，音译为“拉力”。简言之，拉力赛是一种长途越野赛事，是一种道路条件差、行驶环境恶劣的长距离高速汽车竞赛，是一种检验车辆性能和质量，考验驾驶技术的长途比赛。

拉力赛主要分为两种形式：一种为由甲地出发，到达乙地结束，历时

五六天甚至十几、二十几天的直线型、长距离马拉松拉力赛。这类比赛每年只举办一次，每次持续五天至二十几天不等。

◆世界拉力锦标赛

另一种为每天行驶的方向不同但均返回同一地点、历时两到三天的锦标赛系列赛事，这类比赛每年在不同国家和地区举办数场。如果把每天的出发和返回的地点看作一个圆心，那么每天行驶的路线都是以这个圆心而向外辐射的，其形状如同梅花一般，因此，这一类拉力赛又称为“梅花型”拉力赛。

世界最著名的拉力赛是由国际汽联组织举办的世界拉力锦标赛（WRC），WRC 便属于“梅花型”拉力赛。WRC 全年在世界各国举行十多个分站赛，每个分站赛产生一对车手和领航员分站冠军，全年各分站总积分最高的一对车手和领航员成为当年度的 WRC 世界冠军。

直线加速赛

直线加速赛，又称汽车冲刺赛、减重短程高速赛。所谓冲刺，最初是指驶离交通灯时尽快加速，后来发展成为一种赛车运动，即在短程高速比赛中，加速最快的车辆获胜。比赛按不同成型及发动机排量分为 12～14 个级别。竞赛场地是一条长 1500 米、宽 30 米笔直平坦的

◆整装待发的直线加速赛

道路，比赛距离只有 1/4 英里（402.336 米）。

这一赛事兴起于二次世界大战时期的美国，那时主要在加州的干涸湖床上进行。1951 年，美国成立了国家高速汽车协会，是至今美国最大的一个冲刺赛组织者。1960 年，派生出了美国高速汽车协会，使冲刺赛每年举办的场次和竞争更为激烈。20 世纪 70 年代，冲刺赛引起加拿大、澳洲和欧洲人的兴趣，到 90 年代，冲刺赛开始走向世界。

由国际汽联制定规则的欧洲直线加速锦标赛是最具影响力的直线加速赛。

其他赛事

爬坡赛是比较老式的赛车方式，指车手驾驶赛车往规定的斜坡上攀爬，在规定时间内攀爬至最高处者获胜。这类赛事最早源于 1897 年 1 月 31 日法国南部的杜尔比小城。目前较为著名的爬坡赛有国际汽联组织的“国际汽联爬坡杯”。另有一些赛事，如老爷车赛、卡车赛、印第车赛等，有些影响力较弱、涉及面较窄、受众普及面小；另一些不以追求速度或竞技为唯一目标，而更强调汽车的展示、参与的趣味汽车赛事，比如大部分老爷车赛更强调对旧日赛车运动的纪念，而国际汽联举办的能源杯赛事的主旨则是推动清洁能源在汽车制造过程中的运用。

◆老爷车练习赛

1. F1 赛事全球总共有几站?
2. 勒芒 24 小时赛有什么看点?
3. 为什么会出现直线加速赛?